도전과 진화의 경영

도전과 진화의 경영

인생의 본 무대는 항상 미래에 있다

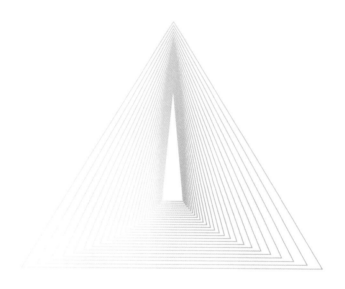

기타오 요시타카 지음

김대영 감수 | **류두진** 옮김

매일경제신문사

시작하며

2019년 5월 1일, 일본 연호가 헤이세이(平成)에서 레이와(令和)로 바뀌며 새로운 시대의 막이 올랐다. 2019년 7월 8일, 우리 SBI 그룹은 창업 20주년을 맞이했다.

돌이켜보면 지난 20년 동안 일본은 물론 전 세계에 많은 사건 사고가 있었다. 사회와 경제도 극적으로 변화했다.

그런 가운데 출범한 SBI 그룹은 창업 당시 사원 55명, 자본금 5,000만 엔에 불과했던 기업이다. 이제는 사원 약 6,400명(2019년 3월 말 시점), 시가총액 약 6,000억 엔(직전 최고인 시기는 8,000억 엔 초과)의 금융 그룹으로 성장했다.

현재는 증권, 은행, 보험을 망라한 금융 서비스 사업, 벤처 투자 등의 자산 매니지먼트 사업, 그리고 테크놀로지를 활용한 신약 개발 등을 진행하는 바이오 관련 사업을 3대 사업으로 하는 탄탄한 사업 체제를 구축했다.

2019년 3월 말 시점으로 SBI 그룹은 보유 고객이 2,520만 명을 넘는다. 그룹 누계 투자사 수는 일본 국내외를 합쳐 1,524사, 엑시트율(투자한 회사 중 M&A 및 상장된 회사의 비율)은 16.3%로 높은 실적을 자랑한다.

어떻게 우리가 이렇게까지 성장할 수 있었을까? 여기에는 다양한 요인이 있다. 일단 시의적절하게 전략·전술 대책을 세워 시류를 잘 탄 것이 주효했다. 무엇보다 창업 이래로 일관되게 고객중심주의를 관철해 고객과 투자자를 위한 더욱 혁신적인 서비스·비즈니스 창출에 힘써왔다. 그룹의 성장 배경에는 내가 창업할 때 정한 5대 경영 이념을 우직하게 지키고 흔들림 없이 실천해온 점이 있다.

5대 경영 이념 가운데 첫째로 내건 것은 '올바른 윤리적 가치관 확립'이다. 이는 내가 21년간에 걸쳐 근무한 노무라 증권을 그만두기 직전 발각된 손실 보전 문제 등을 계기로 만들었다.

당시 노무라 증권의 다부치 요시히사 사장은 매우 뛰어난 경영자였다. 하지만 유감스럽게도 자산버블(거품)이 부풀어 오르는 과정에서 업무 일선의 영업 담당자와 관리직의 윤리관은 현저히 결여된 상태였다.

이를 교훈과 반성 삼아 나는 SBI 그룹을 시작할 때 먼저 '올바른 윤리적 가치관 확립'이라는 이념을 내걸었다.

올바른 윤리적 가치관이 필요한 곳은 금융업계뿐만이 아니다. 지난 20년을 돌이켜보면 어떤가. 여러분도 잘 알고 있듯이 윤리적 가치관을 소홀히 여긴 탓에 부실해졌거나 파산의 늪에 빠진 기업은 일일이 셀 수 없을 정도로 많다.

돈을 다루는 금융업에 있어서는 특히 올바른 윤리적 가치관이 사업의 대전제다.

또 5대 경영 이념 중 하나로 반드시 추가되어야 한다고 생각한 것이 '사회적 책임 완수'였다. '사회 없이 기업 없고 기업 없이 사회 없다.' 즉 기업이란 사회라는 테두리 안에 있어야 비로소 존재할 수 있으며 사회로부터 동떨어져서는 존재할 수 없다고 본다. 따라서 경영 총수는 '공익'을 염두에 두되 사기업으로서의 '사익'과 이해를 조정해야 한다. 따라서 나는 일본의 가장 중요한 자원은 인재라는 인식하에 다양한 사업을 펼쳐왔다. 예를 들면 심각한 문제를 안고 있는 학대 피해 어린이를 지원하는 등 아동 복지 향상에 초점을 맞춰 SBI 어린이 희망재단과 사회복지 법인 지토쿠인[慈徳院, 아동 심리 치료시설인 어린이 마음 케어하우스 란잔가쿠엔(嵐山学園)]을 통해 10년 이상 아동 복지 향상에 힘써왔다. 또 인재 육성 목적으로 SBI 대학원대학을 설립했다.

이처럼 기업으로서 사회적 책임을 다해 기업의 덕(德)을 연마하고 이를 다양한 이해관계자의 신뢰로 이어 나가 강하고 존경

받는 기업이 되겠다는 목표로 노력해왔다.

나는 2019년에 만 68세다. 다행히 아직 건강한 데다 판단력과 직관력은 오히려 젊었을 적보다 뛰어난 상태라고 느낄 정도다.

그러나 기력, 지력, 체력에 자신이 없어질 때가 언젠가는 찾아올 것이다. 그때는 물론 미련 없이 은퇴할 생각이다. 하지만 이후로도 SBI 그룹은 계속기업(Going Concern)으로서 발전해 나가야 한다. 또 사업은 진정한 덕업(德業)이라야 한다. 시류를 잘 타서 오랜 기간에 걸쳐 고객에게 지속적으로 편익을 제공하고 동시에 다양한 이해관계자와 조화를 이루어 나가야 한다. 요즘은 한 세대 만에 세상이 크게 달라진다. 그런 가운데 어떻게 해야 회사를 계속 진화시키고 수백 년 동안 영속시킬 수 있을 것인가. 나는 그룹 창업 당시부터 이 문제를 진지하게 고민했다.

나는 자기부정, 자기변혁, 자기진화의 과정을 꾸준히 거듭하는 것만이 유일한 해법이라고 결론 내렸다. 경영 이념 중 하나로도 내건 '끊임없는 자기진화(Self Evolution)'다.

예를 들면 나는 창업 이래 분기별 결산 설명회에서 매번 새로운 비즈니스 콘셉트(Something New)를 반드시 포함시킨다. 분명 쉽지 않은 일이지만 늘 새로운 발상을 추구하고 사업 혁신에 힘써 한 단계 높은 비약을 이루어내기 위해서다.

이런 자세를 많은 사원과 공유함으로써 앞으로도 SBI 그룹은 계속 성장할 수 있으리라고 믿는다.

이 책에는 20년에 걸친 SBI 그룹의 도전과 진화의 궤적이 담겨 있다. 동시에 그 근저에 흐르는 사업 구축의 기본 철학과 경영 총수로서의 내 생각을 정리했다.

사람에게 인덕(人德)이 있듯이 기업에는 사덕(社德)이 있다. 사덕의 고양을 추구하며 끊임없이 발전해온 SBI 그룹의 발자취는 다양한 이해관계자 여러분과 함께 걸어온 발자취이기도 하다. 이 자리를 빌려 SBI 그룹 창업 20년의 역사를 함께했던 여러분에게도 진심으로 감사한 마음을 전하고 싶다.

앞으로 다가올 시대에 기업은 어떻게 존재해야 하는가. 경영에 관심 있는 모든 독자에게 이 책이 조금이나마 도움이 된다면 더할 나위 없는 영광이겠다.

2019년 5월

기타오 요시타카

차례

제5장 경영 철학

사업의 근간에 흐르는 원리 원칙

나는 항상 개인적인 철칙·주장·입장을 명확히 밝혔으며
무슨 일이 있어도 신조·신념을 관철시켰다.
내가 올바르다고 믿는 길이라면 용기를 갖고
힘차게 나아가며 세상과 인간을 위한 도전을 계속했다.

시류를 포착해
한걸음 내딛다

도전과 진화의 시작

SBI 그룹의 20년에 걸친 도전과 진화의 궤적을 돌이켜보고자 먼저 시곗바늘을 창업 전후 시기로 돌려보겠다.

SBI 그룹 창업 당시 나는 48세였다. 그전까지는 일본 최대 증권사인 노무라 증권에서 21년을, 손정의 회장의 스카우트 제의를 받고 소프트뱅크 그룹에서 4년을 근무했다. 창업으로서는 상당히 늦은 출발이라 할 수 있겠다.

그러나 노무라 증권과 소프트뱅크에서 근무했던 경험은 SBI 그룹을 설립하는 데 꼭 필요했다. 시류를 포착해 한 걸음 내디딜 타이밍을 잰다는 점에서도 커다란 의미가 있었다.

덧붙이자면 어렸을 적부터 친숙하게 접해온 중국 고전의 가르침을 비즈니스 세계에서 실천하기 위해서라도 그만큼의 시간은 필요했던 것 같다.

먼저 SBI 그룹 창업에 이르기까지의 내 발자취를 간단히 소개한다.

사풍에 매료되어 입사한
노무라 증권

나는 1951년 1월 21일 효고 현 니시노미야 시에서 태어났다.

기타오 가문은 에도 시대부터 대대로 오사카의 중심지 센바에서 목재 도매상, 종이 도매상, 출판사, 서점 등을 경영한 사업가 집안이다. 조상 중에는 에도 시대 유학자인 기타오 봇코[통칭 후지야 우사부로. '봇코'는 당대의 저명한 유학자 시노자키 쇼치쿠가 지어준 호(號)임]가 있다. 증조부인 기타오 우사부로(봇코의 장남)는 아사히 신문의 창업주인 무라야마 료헤이의 의뢰로 오사카 일대에서 아사히 신문의 판매를 위임받아 60년간 오사카에서 아사히 신문을 독점 판매했다.

아버지인 세이조는 서양 서적과 서양 잡지 등의 수입 판매 회사를 경영했다. 주로 정부 관련 및 기업의 연구 기관, 대학과 거래했다. 아버지는 내가 유치원에 입학하기 전부터 여러 가지 중국 고전 이야기를 들려주었다. 잘못해서 야단맞을 때도 중국 고전을 인용한 설교를 들을 정도였다. 어렸을 때의 이런 경험을 계기로 나는 자연스럽게 중국 고전에 흥미를 갖게 되었다.

아버지는 제2차 세계대전 당시 노무라 증권의 창업주인 노무라 도쿠시치가 경영하던 노무라 합명회사에 한때 근무했던 적이 있다. 노무라 합명회사에 입사한 아버지는 해외에서 대형 농장 사업 등을 전개하던 자회사인 노무라 동인도식산 주식회사의 수마트라 거점 주재원으로 근무하던 중 그곳에서 패전을 맞이했다. 나는 노무라 증권에 입사하기 전까지 이런 사정을 전혀 몰랐는데 아무래도 이런 것이 인연이 아닌가 싶다.

어머니인 미쓰는 일본의 대형 종합상사인 도요멘카의 초대 사장(그 당시에는 회장제 기업으로 5대째 대표)이었던 아사야마 이사부로의 딸이다. 외조부인 이사부로는 중국어에 능통했다. 어렸을 적 어머니와 외조부 댁에 놀러 갔을 때 중국에 관한 여러 가지 이야기를 들은 기억이 있다. 외조부 역시 내가 중국 고전에 친밀감을 가지는 데 일조한 것 같다. 어머니는 외조부의 업무 관계로 홍콩에서 태어나 이후 텐진으로 이사 가서 8세까지 중국에서 자랐다.

나는 효고 현립 고베 고등학교를 거쳐 게이오대(게이오기주쿠) 경제학부로 진학했다. 1974년 대학 졸업과 동시에 노무라 증권에 입사했다.

취업을 준비할 때는 금융업계를 가장 먼저 생각했다. 처음에는 당시 미쓰비시 은행이 1지망이었다. 그런데 요즘으로 치면 '졸업생과의 대화' 행사 때 노무라 증권을 처음 접하면서 생각이 바뀌었다. 자유 활달하며 방랑자적인 회사 분위기와 인사부 담당자의 인간성에 이끌렸던 나는 노무라 증권으로 입사했다.

입사 후에는 일단 종합기획실로 발령이 났다가 2년이 채 지나지 않은 1976년부터 2년 동안 영국 케임브리지대 경제학부로 유학 가는 기회를 얻었다.

케임브리지대를 졸업하고 귀국한 뒤에는 해외투자고문실로 발령이 났다가 뉴욕 지점에 부임했다. 마침 일본의 경제력이 한창 커지던 시절이었다. 나는 뉴욕에서 일본 주식 하루 800억 엔의 매매 기록을 세우기도 했다. 이는 아직도 깨지지 않는 기록인 모양이다.

1987년에는 일본으로 귀국해 제2사업법인부 차장으로 법인영업에 매진했다. 사업은 순조로웠다. 당시 다부치 요시히사 사장과 스즈키 마사시 부사장에게 "넌 다다음이야"라는 말을 들은 적도 있다. 요컨대 내가 차차기 사장 후보라는 점을 넌지시 일러준 셈이다.

다음 자리는 법인부 부장인가 하고 생각하던 차에 1989년 당시 노무라 증권이 26% 출자하고 있던 투자회사 와서스타인 페렐라의 런던 주재 상무로 전근 발령이 났다.

와서스타인 페렐라는 국제적으로 M&A 중개 업무를 전개하는 업계의 선두기업이다. 이곳에서 나는 수많은 M&A에 관여할 수 있었는데 이 경험이 훗날 매우 큰 도움이 되었다.

운명을 직감하고
소프트뱅크로

이 무렵부터 노무라 증권에서의 내 경력이 조금씩 흔들리기 시작했다.

1991년 일본 버블 붕괴에 따른 손실 보전 문제가 발각되어 내가 존경하던 다부치 요시히사 사장이 책임을 지고 사임했다. 다부치 사장이 전혀 모르는 중에 일어난 문제였지만 비판 여론이 거세지자 끝끝내 버티지 못했던 것 같다.

이듬해인 1992년 나는 사업법인 3부장으로 발탁되었다. 하지만 사장에게 책임을 떠넘기고 다 털어냈다는 듯 흡족해하는 일각의 분위기에 위화감을 느꼈다.

그러던 가운데 1994년에 소프트뱅크가 도쿄증권거래소에 상장했고 노무라 증권이 주간사를 맡았다. 소프트뱅크 창업주인 손정의 회장과 처음 만난 시기가 바로 이때다.

손 회장은 나보다 6살 아래의 떠오르는 신진 경영자였다. 그의 사업 감각, 열정, 인간성에는 어딘가 끌리는 구석이 있었다.

손 회장과 사업상 자주 만나게 된 시기는 이듬해인 1995년이었다. 소프트뱅크가 미국의 컴퓨터 전시회 회사인 컴덱스를 인수하려 했던 때다. 인수액은 800억 엔에 달했다. 손 회장은 그

중 530억 엔을 당시 니혼코교 은행을 중심으로 한 협조융자단 (Syndicate Loan, 대형 자금 조달 시 자금을 분담하여 융자하기 위해 조성된 다수의 금융기관 컨소시엄)으로부터 조달하고자 했다.

반면에 나는 재무 전략상 관점에서 사채(社債) 조달 방식을 제안했다. 다만 손 회장은 기존에 맺어왔던 은행과의 관계를 우선시해야 한다며 협조융자 방식을 선택했다.

그것은 그것대로 손 회장이 판단할 일이었다. 나중에 다른 안건이 생겼을 때 다시 도와주면 되겠거니 생각하던 차에 어느 날 소프트뱅크에서 손 회장과 미팅을 했다.

돌아가려는데 엘리베이터 앞에서 손 회장이 멈춰 세웠다.

"기타오 부장님. 드릴 말씀이 있는데 1분만 시간을 좀 내주시겠습니까?"

함께 있던 부하 직원을 먼저 차로 돌려보내고 사장실로 돌아왔다. 그런데 손 회장의 입에서 이런 말이 나왔다.

"우리 회사에 CFO(Chief Financial Officer, 최고재무관리자)로 와주시지 않겠습니까?"

솔직히 생각지도 못한 제안이었다. 어쩐지 나의 마음속에 무언가 새로운 바람이 불어 들어오는 듯한 느낌이 들었다. 다만 선뜻 대답할 일은 아니니 열흘 정도 시간을 달라고 했다.

그길로 노무라 종합연구소에 있는 도서실에 들러 소프트뱅크, 손정의, 그리고 멀티미디어에 관한 자료를 읽어나갔다. 그 결과 인터넷 업계의 성장성과 가능성에 흥미를 느끼게 되었고 장래성을 확신하기에 이르렀다.

인터넷이라는 새로운 기술이 앞으로 사회를 크게 바꿀 것 같은 예감이 들었다. 기존 금융업계, 나아가 일본 경제 시스템 전체가 전면적인 재검토에 직면하게 될 것이라는 확신도 있었다.

"이건 운명일 수도 있겠다."

그렇게 느낀 나는 일본을 대표하는 대형 증권사에서 당시에는 아직 벤처기업이었던 IT 기업으로 이적을 결심했다.

일본 최초의
재무대리인 방식 사채 발행

이렇게 나는 1995년 5월 소프트뱅크에 고문으로 입사해 6월에는 재무담당 상무이사가 되었다. 취임하자마자 맡은 일은 앞서 설명한 컴덱스 인수에 따른 530억 엔에 달하는 협조융자 문제였다.

재무 자료를 훑어보니 컴덱스 인수 융자단(니혼코교 은행과 다이이치칸교 은행 등 11사)과 체결한 계약에 다음과 같은 재무 제한 조건이

달려 있었다.

'융자액이 280억 엔 이상 남아 있는 경우 다음 80억 엔 이상의 인수 건에 대해서는 협조융자단 각 참여 은행의 승인을 받아야 한다.'

은행이 한 곳이라도 반대하면 M&A는 불가능하다는 점을 의미했다. 이 조항을 빼지 않는 한 소프트뱅크가 조기에 성장하는 것은 무리라고 생각했다. 그래서 융자단 은행과 협상을 했는데 계약한 지 아직 반년도 지나지 않았던지라 모두 거절당했다.

'이렇게 되면 융자를 상환하는 수밖에 없다'라고 생각한 나는 사채를 발행해 시장에서 자금을 조달하고 이를 상환으로 돌리는 계획을 손 회장에게 제안했다. 그러나 당시 손 회장은 내켜 하지 않았다. 손 회장은 니혼코교 은행과 다이이치칸교 은행이 없었더라면 소프트뱅크의 성장은 불가능했으리라고 생각했기 때문이다. 나도 그 의리에 대해서는 충분히 이해하고 있었다. 한편 소프트뱅크가 한 단계 더 도약하기 위해서는 M&A나 신사업 진출이 꼭 필요한 상황이기도 했다.

당시 상법으로는 사채를 발행하려면 반드시 사채관리회사를 설치하게 되어 있었다. 그래서 나는 융자단 이외의 은행에 사채관리회사가 되어달라고 부탁했는데 모두 거절당했다.

한편 1993년 상법 개정에 따라 사채발행권면액이 1억 엔 이

상인 경우 또는 사채 수가 50개 이상이 될 수 없는 경우 사채관리회사를 두지 않더라도 재무대리인을 두면 되도록 바뀌었다. 당시는 아직 재무대리인 방식에 의한 사채 발행이 한 건도 이루어지지 않았는데, 나는 재무대리인 방식으로 전환하기로 했다.

다만 대형 은행의 의향을 고려해서인지 감독관청인 오쿠라쇼(大蔵省, 대장성, 한국의 기획재정부에 해당하는 일본 재무성의 전신-옮긴이)의 반응은 미묘했다. 증권국은 적극적이었던 반면 은행국은 선뜻 나서지 못했던 것이다.

그럼에도 나는 이야기를 척척 진행시켰다. 최종적으로는 노무라 증권이 협력해주면서 노무라 신탁은행이 일본 최초의 재무대리인에 취임하기로 결정되었다.

이렇게 소프트뱅크는 1995년 9월 500억 엔의 무담보 보통사채(12년채)를 당시로는 합리적인 3.9%의 이율로 발행했다. 은행 융자를 전액 상환함으로써 소프트뱅크는 컴덱스 인수에서 문제가 되었던 융자단과의 재무 제한 조항 굴레에서 해방되었다.

그 결과 1996년 컴퓨터 관련 출판사인 지프-데이비스 퍼블리싱 컴퍼니(Ziff-Davis Publishing Company)를 인수하고 같은 해 4월에는 야후 주식회사(Yahoo Inc.)의 최대 주주가 되는 등 소프트뱅크는 M&A 전략을 적극적으로 추진할 수 있었다.

여담인데 나의 도전 이후 일본 내에서 사채 발행은 대부분 비

용이 저렴한 재무대리인 방식으로 이루어지게 되었고 사채 시장
은 급속도로 확대되었다.

관리 부문을
'알짜 부문'으로 바꾸다

이 시기에 나는 소프트뱅크의 경리부, 재무부, 법무 심사실,
IR실, 경영 전략실 등을 총괄하는 상무이사 관리 본부장에 취임
해 있었다.

간접 부문은 일반적인 기업에서 돈 먹는 하마(Cost Center) 취
급을 받는다. 나는 오히려 외환 거래 등을 통해 반기마다 30억
엔 정도의 수익을 창출해내면서 관리 본부의 돈 버는 하마(Profit
Center)로 탈바꿈시켰다.

이와 동시에 소프트뱅크의 CFO로서 여러 건의 대형 인수와
투자, 제휴 등을 실행했다. 기존의 CFO 역할이라 하면 재무 전
략 면에 한정되어 있었다. 반면 미국에서 CFO는 기업 가치 창조
를 강력히 추진하기 위해 경영 전략 전반에 관해서도 보좌하는
역할로 크게 변화해왔다. 소프트뱅크도 미국의 사례를 참고해
내가 경영 전략실과 재무·경리부 양쪽을 담당하는 형태였다.

소프트뱅크로 이직하고 나서 1999년까지 통산 4년에 걸쳐 내가 자금 면에서 지휘한 M&A는 10건 이상에 달한다. 자금 조달은 기본적으로 자본 시장에서 이루어졌다. 신주 발행과 사채, 전환사채 3가지 방법을 구사해 상장하자마자 회사는 5,000억 엔 가까운 자금을 직접 금융 시장으로부터 조달했다. 이 자금을 사용해 앞서 말한 컴덱스, 지프-데이비스 퍼블리싱 컴퍼니, 킹스톤, UT스타컴, 알리바바, 여기에 미국의 야후 주식회사까지 100억 엔에 인수해왔다.

게다가 나는 시기를 잘 가늠해 철수 작전도 지휘했다.

1990년대 말 미국 주식시장에서는 매출과 수익이 거의 없이 비즈니스 모델 콘셉트만으로도 IPO(기업공개)가 이루어졌다. 인터넷 기업의 주가에 비정상적인 값이 매겨지는 등 상식과 동떨어진 상태였다. 내가 봤을 때 당시 주가는 논리적으로 설명이 되지 않았다. 논리적인 점에서 설명이 불가능하다는 말은 PER(주가수익률)를 보고 살 수 있는 수준이 아니거나, 수익이 아직 나지 않는데도 콘셉트 IPO라고 칭하며 거액의 시가총액이 매겨졌다는 뜻이다. 그런 비상식적인 상태가 계속될 리 없다고 생각하는 것은 지극히 당연하다. 상식에서 벗어난 상태가 된 경우 반드시 수정이 이루어진다는 점은 과거의 경험칙으로 봐도 분명했다.

그래서 나는 당시 펀드로 보유하고 있던 미국의 인터넷 관련

주를 인터넷 거품이 붕괴하기 전에 모두 매각해 수익을 냈다. 미국 투자은행 애널리스트들은 여전히 인터넷 관련주가 더 오를 것이라고 말하던 시점이다. 그런 소위 닷컴기업에 관해 작성된 증권사 보고서에서는 목표 가격을 더욱 높게 잡기도 했다. 소프트뱅크로 이직하고 나서 손 회장은 나를 '기타 양(친근함을 표현한 애칭)'이라고 불렀는데, 손 회장도 "기타 양, 파는 게 너무 이르지 않아요?"라고 말했을 정도다. 그러나 주위의 반대를 무릅쓰고 팔기로 했다. 매우 상식적인 판단이었다고 생각한다.

이처럼 특히 재무 면에서 당시 소프트뱅크의 급성장에 나름대로 이바지할 수 있지 않았나 자부한다. 손 회장에게서도 "기타 양은 마치 우리를 위해 노무라 증권에서 수행하셨던 것 같군요"라는 말을 들은 적이 있다.

나도 소프트뱅크 시절 손 회장으로부터 많은 것을 배웠다. 가장 커다란 배움은 인터넷에 관한 식견이다.

당시 인터넷 비즈니스의 최첨단은 미국이었다. M&A나 조인트벤처 설립[예를 들면 모닝스타(Morningstar), 이론(E-Loan), 인스웹(InsWeb)] 등을 위해 미국에 자주 출장을 갔다. 그리고 많은 인터넷 기업과 접하던 중 인터넷에 내재한 강력한 파괴력을 실감했다.

사원 55명으로 시작한
소프트뱅크 파이낸스

1999년 소프트뱅크는 지주회사제를 도입했다. 그리고 당시의 출판 부문, 소프트웨어 유통·판매 부문, 총무 인사 부문을 소프트뱅크의 완전 자회사로 분사시켰다. 이에 따라 내가 부문장이었던 관리 본부(재무 부문, 경리 부문)도 소프트뱅크 파이낸스 주식회사를 중간지주회사로 하는 소프트뱅크 금융 사업의 기업 집단으로 분사되었다.

기업이 지주회사 방식으로 이행되는 경우 재무 부문 등 간접 부문은 사업회사로 분할되어 갈라지든가 모회사인 지주회사에 일괄적으로 남기는 방식이 일반적이다. 그러나 소프트뱅크에서는 인터넷 금융 사업이 장차 수익성이 큰 주축 사업이 될 것이라는 내 확신도 있었기에 관리 본부도 사업회사로 독립했다.

이것이 현재 SBI 그룹의 시작이다. 당시 자본금은 5,000만 엔, 사원은 55명이었다. 이런 규모라면 사실상 백지에서 사업을 일군 셈이다.

SBI 그룹이 출범한 1999년은 일본에서 거품 붕괴에 따른 부실 채권 처리가 정점을 맞이했던 시기다. 게다가 2년 정도 전에 시작된 아시아 금융 위기 등의 영향으로 세계는 그야말로 불황의 한복판에 있었다. 특히 금융업계는 매우 혹독한 시기였다.

1997년부터 1998년에 걸쳐 홋카이도타쿠쇼쿠 은행, 일본장기신용 은행, 일본채권신용 은행, 야마이치 증권, 산요 증권 등이 잇달아 도산했다. 최종적으로 일본 내 전체 은행이 처리한 부실 채권은 100조 엔을 넘었다.

한편 1990년대는 인터넷을 중심으로 다양한 기술 혁신이 진행된 시기이기도 했다.

1992년에 일본에서 처음으로 인터넷 제공업체가 탄생했다. 1995년에는 마이크로소프트의 Windows95가 발매되면서 인터넷이 단번에 보급되었다.

그 뒤로도 1998년에 미국에서는 구글이 설립되었으며 인터넷 서점으로 출발한 아마존의 이용자는 1999년에 1,700만 명을 넘었다.

소프트뱅크 그룹에서 독립하기 위한 의외의 조건

이런 급속한 시대의 변화에 일본의 기존 금융 기관은 제대로 대응하지 못했다.

금융업계 전체에 맹렬한 역풍이 불어닥치는 환경에서, 더구나 아직 한창 발전하는 단계인 인터넷이라는 미지의 기술을 사용해 금융 비즈니스를 새롭게 시작하는 일이 전통적인 금융업계 관계자들 눈에는 무모해 보였을지도 모른다.

그러나 관점을 달리하면 구태의연한 금융 기관의 체력 저하가 인터넷 금융업이 폭발적으로 보급되는 무대를 마련했다고 할 수도 있다.

지금 와서 돌이켜보면 1999년에 SBI 그룹을 시작했던 것은 맹자가 말하는 이른바 성공의 3요소인 하늘의 때(天時), 땅의 이로움(地利), 사람의 화합(人和)을 얻었기에 가능했던 결단이었다고 말할 수 있다.

한편 소프트뱅크는 2001년 9월에 ADSL 사업을 개시했다. 나는 이 사업을 시작한다면 고객 획득 비용 등 막대한 투자가 필요해져 3~4년은 엄청난 적자를 볼 것이라 예상했다. 그런 상황에서 안심·안정·안전이 중시되는 금융업을 자회사로 경영하기란 매우 어려울 것이라는 생각도 들었다. 실제로 소프트뱅크에서는 3년 연속 1,000억 엔 규모의 적자를 계상했다. 우리는 자금 조달의 일환으로 2000년에 출자했던 일본채권신용 은행(현 아오조라 은행)의 모든 주식을 미국 투자 펀드에 2003년 매각했다. 또 2004년에는 우리가 출자하고 있던 미국 모닝스타가 상장을 해서 매각 차익이 생겼다. 우리는 이를 기초자금 삼아 소프트뱅크에서 빌린 300억 엔의 차입금을 상환했다. 또 2005년 3월기(2004년 4월~2005년 3월, 일본은 회계연도를 4월부터 시작하는 회사가 많다-옮긴이)에 소프트뱅크가 출자하고 있던 펀드 자금 약 500억 엔을 우리가 대신 떠맡기도 했다. 이를 위해 우리는 350억 엔의 자금을 은행에서 조달했으며 나머지 150억 엔은 수중의 자금으로 마련했다.

이처럼 준비를 거듭하고 있었던 것은 내가 그리던 금융의 기업 생태계를 만들어내려는 목적에서였다. 이를 위해서는 ADSL 사업과 보더폰의 거액 인수로 적자가 이어지고 대규모 투자도 지속적으로 필요했던 소프트뱅크로부터 독립할 필요가 있었다. 이로써 유연한 재무·사업 전략을 전개하고 나아가 감독관청인 금융청과의 원활한 관계를 유지하려고 했다.

그래서 손 회장에게는 SBI 그룹이 소프트뱅크 그룹 산하에 머무른다면 금융 사업을 발전시키기가 어렵다는 점을 설명했다. 또 거액의 적자가 이어지고 있던 소프트뱅크의 재무적인 어려움을 타개하기 위해서는 SBI의 주식을 완전 매각하는 것이 최선이라고 말했다. 이렇게 양사 최적의 시점에 자본 관계를 해소하기로 승낙을 얻어냈다. 내 이야기를 다 들은 손 회장이 한 말은 단 한 마디였다. "기타 양, 미안합니다." 손 회장이 자본 관계 해소 조건으로 내세운 것은 한 달에 한 번 함께 식사하며 손 회장의 상담에 응해준다는 것, 단지 이뿐이었다.

이렇게 1999년에 소프트뱅크의 지주회사화에 동반한 분사화에 따라 소프트뱅크의 자회사로 출범했던 SBI 그룹은 2005년 3월에 공모증자를 실시, 소프트뱅크의 연결 대상에서 제외되고 지분법 적용 회사가 되었다. 나는 이 3년 정도 전부터 소프트뱅크의 상무 퇴임 의향을 표명한 상태였고 2005년 6월에 퇴임했다. 동시에 7월에는 지주회사인 SBI 홀딩스를 탄생시켰으며 SBI라는 명칭도 'Strategic Business Innovator(전략적 사업 혁신자)'의 약자로 개정했다. 2006년 8월 소프트뱅크가 SBI 홀딩스의 잔여 지분 약 27%를 매각함으로써 자본 관계가 완전히 해소됨에 따라 SBI는 명실상부한 독립기업 그룹이 되었다. SBI 매각을 통해 소프트뱅크는 1,360억 엔의 자금과 650억 엔의 매각 차익을 올릴 수 있었다.

금융업과 인터넷에서
가능성을 찾은 이유

1999년 창업 당시 SBI 그룹의 급성장을 지탱한 것은 '인터넷 혁명'과 '금융 규제 완화'라는 양대 흐름이다.

전자의 경우 컴퓨터의 보급과 통신 환경의 광대역화, 후자의 경우 주식매매위탁수수료의 완전 자유화와 금융지주회사의 설립 허용 등이 우리 비즈니스의 순풍으로 작용했다.

애초에 금융 서비스업은 상품의 물리적인 이동이 없고 숫자와 데이터만 거래되는 정보 집약형 비즈니스로, 정보 산업의 일종이라 할 수 있다. 그리고 인터넷은 숫자와 데이터 등의 정보를 고속, 대량, 신속하게 주고받을 수 있는 그야말로 새로운 테크놀로지다. 양쪽의 친화성이 높은 것은 당연하다. 이만큼 인터넷과 궁합이 잘 맞는 업종은 달리 없다 해도 과언이 아니다. 금융 세계에서 살아온 나로서는 이런 점이 실질적으로 피부에 와닿았다.

인터넷에는 양방향(Interactive), 멀티미디어, 저비용, 실시간, 글로벌과 같은 특징이 있다. 이런 특징이 가져다줄 파괴력을 당시에는 아직 많은 사람이 깨닫고 있지 못했다.

예를 들면 인터넷에 의해 기업과 고객 사이에 정보 격차가 없어지면 주도권은 소비자 쪽으로 이동한다. 또 다양한 사업에서 진입 장벽이 낮아지며 새로운 대체품과 서비스가 대두한다. 당시 인터넷의 보급은 한마디로 말해 기존의 경쟁 우위성을 위협했다.

나는 인터넷에 의해 금융업에서 다음 5가지 변화가 도래할 것으로 예측했다.

첫째는 가격 파괴다.

주식 거래를 예로 들어보자. 인터넷을 활용함으로써 대면 거래 대비 인건비와 부동산비를 대폭 절감할 수 있고 위탁수수료는 이론상 극적으로 낮아질 수 있다. 때마침 위탁수수료가 자유화되면서 당시 온라인 증권사의 위탁수수료는 대기업 대면 증권사 대비 3분의 1 이하로 낮아졌다. 2005년 무렵에는 10분의 1 정도가 되었고 현재는 20분의 1 이하로까지 인하(2019년 3월 시점)된 상태다. 개인 투자자에 의한 주식 투자는 급속도로 온라인 증권사로 이행되었다.

둘째는 소비자·투자자로의 권력 이동(Power Shift)이다.

인터넷을 사용함으로써 소비자와 투자자가 정보를 획득하기 위해 거쳐야 했던 다양한 장벽(수고, 시간, 비용 등)이 소멸한다. 또 다양한 정보에 기반해 스마트한 소비 행동과 투자 행동을 취할 수 있게 된다. 충분한 정보를 얻은 고객은 상품과 서비스에 관해 더욱 정통해지며 점점 더 현명해진다. 결과적으로 소비 시장에서 주도권은 기업에서 소비자로 옮겨질 것으로 예상되었다.

셋째는 이전에 없던 새로운 시장이 생겨난다는 점이다.

비교·검색 시장이 그 전형이다. 다양한 정보를 얻을 수 있다는 말은 고객 입장에서 정보 홍수에 직면한다는 뜻이기도 하다.

그렇게 되면 고객은 넘쳐나는 정보 속에서 자신에게 필요한 정보를 검색하고 비교하게 된다. 그런 고객 행동이 기업에는 새로운 비즈니스 기회다. 고객의 요구사항에 걸맞은 상품과 서비스를 비교·검색하는 시장이 인터넷상에 탄생해 많은 사람이 이용하게 된다.

실제로 SBI 그룹은 투자신탁 신용등급 평가 업체 모닝스타(1998년 3월), 대출 상품 비교 사이트 이론(1999년 5월), 보험 상품 비교 사이트 인스웹(1998년 12월) 등을 설립했다.

넷째는 금융 거래의 유비쿼터스화가 진행되어 시간과 장소의 제약 없이 금융 서비스 이용이 가능해진다는 점이다.

실제로 인터넷과 모바일 등장 등의 기술 혁신으로 인해 고객이 은행 지점을 가지 않는 현상이 여러 선진국에서 착실히 진행되고 있다. 예를 들면 미국의 경우 1985년 무렵 은행 거래의 70%는 지점과 현금 등을 사용해 이루어졌다. 그런데 2010년에는 개인 고객의 은행 거래 중 75~90%는 인터넷, 콜센터, 모바일 기기, ATM을 통해 이루어졌다는 통계가 있다.

다섯째는 방대한 금융 거래 데이터 등의 빅데이터 분석 기술이 발전하면서 마케팅 기법이 진화한다는 점이다.

구체적으로는 데이터마이닝(Data Mining)을 통한 마케팅의 효율화가 가능해진다. 인터넷상에서 금융 거래가 증가하면 고객

속성, 고객 구매 이력, 판매 실적, 상품 특성, 점포 속성 등의 정보가 데이터베이스에 대량으로 축적된다. 이런 정보들을 토대로 고객별로 라이프사이클의 규칙성과 관련성 등을 분석해 고객의 니즈가 큰 상품과 정보를 제공하는 식의 서비스가 가능해지는 것이다.

이러한 인터넷 혁명이 일본판 금융 빅뱅이라 불린 금융 규제 완화와 맞물려 이후 SBI 그룹의 성장, 나아가 일본 온라인 금융의 발전을 가져다주었다.

SBI 그룹 기업의 주춧돌이 된 '5대 경영 이념'

1999년 SBI 그룹 창업에 앞서 나는 SBI 그룹의 경영 이념을 제정했다.

● SBI 그룹 경영 이념

1. 올바른 윤리적 가치관 확립	4. 끊임없는 자기진화
2. 금융 이노베이터로서 성장	5. 사회적 책임 완수
3. 신산업 크리에이터 지향	

'경영 이념'을 '비전'과 거의 같은 개념으로 이해하는 경영자가 적지 않은 모양이다. 다만 나는 양쪽 개념을 명확히 구분해 사용한다.

즉 '경영 이념'은 조직이라는 기반 위에 세운 '주춧돌'로 장기적이고 보편적인 것이다. 경영 총수의 교체나 환경 변화 등으로 쉽게 변경되어서는 안 된다.

한편 '비전'은 바람직한 조직의 '미래상'을 구체적으로 제시한 것으로 현실 타당성과 신뢰성이 전제되어야 한다. 요즘처럼 변화가 극심한 시대에서는 상황에 맞게 변경되어야 좋다. 오히려 변경되어야만 한다.

그래서 다음 5가지를 SBI 그룹 기업 전체에 공유되어야 할 '경영 이념'으로 먼저 제정했다.

첫째 '올바른 윤리적 가치관 확립'

기본적으로 사업이라는 것은 '덕업'이 아니면 장기적으로 존속할 수 없다고 생각한다. 적법성이나 수익성 여부를 따지는 것이 아니라 그 일을 하는 것이 사회 정의에 비추어 올바른지를 먼저 판단해 행동하라는 뜻이다. 이는 경영 전략 책정이든 일상 업무 수행이든 마찬가지다. 일시적으로 수익이 생겨 발전하는 사례도 있기는 하다. 다만 나는 장기적인 안목으로 봤을 때 사회와 고객을 위한 사업만이 계속 발전할 수 있다고 인식하고 있다.

경영 이념에서 가장 먼저 '올바른 윤리적 가치관'을 내걸고 있다는 점은 SBI 그룹의 커다란 특징이라고 생각한다.

둘째 '금융 이노베이터로서 성장'

창업 경위에서 설명한 바와 같다. 기존 금융업의 형태에 구애받지 않고 폭발적인 가격 파괴력을 지닌 인터넷을 비롯해 기타 혁신적인 기술을 금융업에 신속하게 도입하는 것이 중요하다. 이로써 SBI 그룹 사업 구축의 기본 철학 중 하나인 '철저한 고객 중심주의'를 실현하고 고객 편의성을 더욱 향상시키는 금융 상품과 서비스를 계속 제공하겠다는 뜻이다.

셋째 '신산업 크리에이터 지향'

다양한 새로운 기술은 대체로 어느 시대든 벤처기업에서 태어난다. 투자 사업을 통해 IT와 바이오 테크놀로지 등 21세기 새로운 핵심 산업의 창조 및 육성을 담당하는 선도 기업이 되겠다는 뜻이다. 다만 한 산업을 창조하고 육성하는 데 투자만으로 충분하다는 말은 아니다. 나는 그룹 내에 벤처기업 육성을 위한 인프라를 제공하는 다양한 회사를 만들어 일본의 성장 산업 창조·육성을 지원하고자 힘쓰고 있다.

넷째 '끊임없는 자기진화'

21세기를 맞이해 세계적인 규모로 정치, 경제 등의 상황이 정신없이 변화하고 있다.

그런 가운데 SBI 그룹은 경제 환경의 변화에 유연하게 적응하는 조직을 형성해 '창의적 아이디어'와 '자기혁신'을 조직 DNA에 집어넣어 '자기진화'해 나갈 필요가 있다. 늘 현재 상황에 안주하지 않고 '자기부정'·'자기혁신'·'자기진화'를 계속해 글로벌 혁신을 이루는 기업으로 계속 존속해야 한다. 이는 우리 그룹의 중요한 정신으로서 영속화해 나가야 한다.

다섯째 '사회적 책임 완수'

기업은 사회의 중요한 구성 요소 중 하나다. 따라서 사회성을 인식하고 다양한 이해관계자의 요청에 부응하면서 사회의 유지·발전에 이바지해야 한다. 그렇게 하지 않으면 기업 스스로의 성장·발전도 바랄 수 없다.

최근 투자 기준으로 ESG[환경(Environment), 사회(Social), 지배구조(Governance)]와 유엔이 내건 SDGs(Sustainable Development Goals, 지속가능발전목표)가 주목받고 있다. 우리도 국제적인 규범을 존중해 항상 글로벌한 시야에서 사업 활동을 하고 있다.

기업은 '이익 추구'와 '사회 공헌'이라는 언뜻 보면 상반된 행위를 양립시켜야 한다. 이익이냐 사회적 공헌이냐를 선택하는 것이 아니라 이익을 늘리면서 사회에도 공헌할 수 있는 비즈니스 모델을 구축해야 한다.

사회적 책임에서의 '지행합일(知行合一)'

기업의 사회적 책임에 관해 많은 기업과 경영자가 언급하고 있다. 그러나 말과 함께 무엇을 실천하고 있는지가 더 중요하지 않나 싶다.

우리는 창업 당시부터 양명학에서 말하는 지행합일(知行合一)을 의식해 일찍부터 구체적인 노력을 실천해왔다.

먼저 2002년에는 학대나 양육 방치와 같은 혹독한 환경에 처한 아이들의 복지 향상을 목적으로 아동 복지 관련 시설 등에 기부한다는 기본 방침을 결정하고 사업 확대와 함께 기부 활동도 본격화했다. 2004년에는 그룹의 사회 공헌 활동을 더욱 주체적으로 추진할 목적으로 SBI 그룹 각사가 공동으로 'SBI 아동 복지 유한책임 중간법인'을 설립했다. 그리고 일본 전국의 아동 복지 시설과 지자체를 방문해 상황 조사와 함께 기부 활동을 시작했다.

이런 활동을 통해 인재면, 제도면, 교육·자립에 관한 문제처럼 물질적인 면으로 경제적 지원만으로는 해결할 수 없는 문제가 있다는 사실을 알 수 있었다. 아동 복지 문제의 심각성과 복잡함을 통감한 우리는 2005년에 후생노동성의 인가를 받아 재단법인 SBI 어린이 희망재단(2010년에 공익재단법인으로 이행)을 설립했다. 이후 아동 복지 시설에 대한 기부, 아동 복지 시설 등의 직원을 대상으로 한 연수, 어린이 학대 방지 계발 활동 등 아동 복지 향상을 위한 지원을 하고 있다.

또 나는 공익재단법인 활동과 별개로 사적으로 사회복지법인 지토쿠인(慈徳院)을 설립했다. 정서장애아 단기치료시설(정단시설) 설립이 급선무라고 생각해 지금까지 정단시설이 없었던 사이타마에 2007년 '어린이 마음 케어하우스 란잔가쿠엔(嵐山学園)'을 개설했다. 내가 그렇게 결심한 이유는 두말할 나위 없이 불합리한 학대를 받은 아이들에게 뭔가를 해주고 싶었기 때문이다. 또 어떤 의미에서는 가장 혜택받고 있지 못한 사회적 약자는 아이들이라고 생각했기 때문이다. 본래 조건 없는 사랑을 줘야 할 부모가 자신의 아이들을 학대한다는 현실은 너무나 가슴 아프다. 미래를 짊어질 아이들이 국민으로서 자긍심을 갖고 세계 여러 나라 혹은 사람들과 융화해 이 세상을 더욱더 좋게 만들겠다는 생각을 지니고 살아가 주길 바랐다. 현재 아동 심리 치료시설 란잔가쿠엔에서는 학대를 당한 아이들에게 전문적이고 다양한 치료를 하고 있다. 이를 통해 아이들이 마음에 받은 충격을 완화하고자 매일같이 노력하는 중이다. 나는 지금 해당 시설의 미래, 그리고 향후 어떤 형태로 발전시킬지에 대해 여러 가지를 고민해 보고 있는 참이다.

한편 란잔가쿠엔이 세워진 부지의 일부는 내가 예전부터 사숙(私淑)해온 사상가 야스오카 마사히로 선생이 농촌 청년 교육과 농촌의 지도적 인재 육성을 목적으로 1931년에 설립한 일본 농사(農士)학교 터의 일부라는 사실을 나중에 알았다.

SBI 그룹의 사회 공헌 활동은 아동 복지 분야뿐만이 아니다.

2008년에는 문부과학성 인가 통신제(온라인) 전문직 대학원인 SBI 대학원대학을 개교했다.

개교 목적은 뜻 있는 창업을 지향하는 사업가를 대상으로 일본 및 세계 경제·사회에 활력을 가져다주는 유망한 인재를 육성하는 데 있다. 일본 천태종을 창시한 승려 사이초(最澄)는 '일등조우 만등조국(一燈照隅 萬燈照國, 등불 하나는 모퉁이를 밝히지만 등불 1만 개는 나라를 밝힌다)'이라는 말을 남겼다. 실로 뜻 있는 인물을 길러내 나라를 더 좋은 나라로, 이 세상을 더 빛나게 만들고 싶은 것이 우리 바람이다.

이 밖에도 일본의 역사 문화와 지역 사회에 대한 공헌의 일환으로 나라 현 사쿠라이 시에 있는 일본에서 가장 오래된 사찰 중 하나인 아베몬주인(安倍文殊院)과의 관계가 있다.

나는 사찰 순례 모임인 도쿄 호우산카이(東京奉讚会)의 회장직을 맡고 있는데, 몬주인의 본존이 지혜의 보살인 문수보살이라 지혜의 덕을 받고 싶다는 생각에 몬주인 본존을 SBI 그룹의 수호 본존으로 삼고 있다. 2019년 창업 20주년 기념사업으로 이 절에 객전(客殿)을 기부해 건립했다.

앞으로도 어떻게 사회와 함께 발전해 나갈 것인지에 관한 문제는 계속해서 우리에게 중요한 경영 과제가 될 것이다.

———

나는 항상 개인적인 철칙·주장·입장을 명확히 밝혔으며

무슨 일이 있어도 신조·신념을 관철시켰다.

내가 올바르다고 믿는 길이라면 용기를 갖고

힘차게 나아가며 세상과 인간을 위한 도전을 계속했다.

———

인터넷 시대가 도래하면서 경쟁 우위성이 변화하는 가운데,
나는 '기업 생태계'라는 복잡계 과학에서 고안된 조직체가
가장 효율적이며 경쟁 우위성을 가져다주리라 확신했다.

그룹 내 기업 간의
상호 시너지를 발휘해
생태계를 확립

인터넷 업계에서
관철되는 법칙

SBI 그룹 설립 당시는 금융 빅뱅과 인터넷 혁명이 동시에 진행되는 상황이었다. 이때 내가 사업 구축의 기본 철학으로 중시한 것은 바로 철저한 '고객 중심주의'였다.

1장에서도 설명했지만, 인터넷이 등장하면서 고객은 수고와 시간을 들이지 않고도 충분한 정보를 입수해 현명한 소비와 투자 행동이 가능해졌다. 결과적으로 고객 중심 시장이 탄생했으며 고객의 니즈에 부응하지 못하는 기업은 살아남을 수 없다.

인터넷 세계의 모든 비즈니스는 '승자독식(Winner takes All)'이다. 압도적 다수의 고객을 획득하면 이후의 고객 획득 비용과 고객당 상품 개발 비용이 대폭 줄어들기 때문이다. 인터넷을 활용한 금융 서비스도 비용 효율성이 높은 체질로 전환해야 승자가 될 수 있다는 결론이 나온다. 이때의 관건은 대다수의 고객을 아군으로 만드는 데 있다.

이를 위해서는 '고객이 바라는 것은 무엇인가?', '고객에게 더 도움이 되는 것은 무엇인가?' 등 고객 지향적인 관점에서 기대에 전력으로 부응해야 한다.

구체적으로 SBI 그룹에서는 더 저렴한 수수료, 더 좋은 금리

SBI 증권 및 대면형 대형 증권 2사의 계좌 수 추이

다이와 증권의 2017년 3월 말 시점 계좌 수는 3,886,000계좌이며, 해당 시점까지의
연평균 성장률은 2.5%(2012년 6월 말~2017년 3월 말 수치)
※2017년 3월 말 이후의 계좌 수는 비공개

로 서비스를 제공한다. 또 매력적인 투자 기회 및 안정성과 신뢰
성 높은 서비스의 제공, 풍부하고도 양질의 금융 콘텐츠의 제공
등을 철저히 하기로 했다.

개업 당시 이트레이드 증권(현 SBI 증권)은 TV 광고를 방영하며
프리미엄성을 강조했다. 추첨을 통해 IPO 종목을 개인투자자에
게도 공평하게 분배하는 등 타사에 없는 독자성도 있었다. 다만
가장 중요한 거래량이 부진해 당시 점유율은 온라인 증권사 중

인터넷 전문은행 6사의 예금액 비교

(억 엔)

- 48,571 — 스미신SBI넷은행은 2019년 4월에 5조 엔 돌파
- 35,789
- 28,082
- 23,590
- 10,680
- 8,039

스미신SBI넷 / 다이와넥스트 / 라쿠텐 / 소니 / 지분 / 재팬넷

출처: 각 은행 공표 자료, 2019년 3월 말 시점

4위 정도였다.

이 사태를 타개하고자 수수료를 전격 인하하기로 했다. 이는 독일 관념론을 대표하는 철학자 헤겔의 '양질 전환의 법칙'에 따른 것이다. 먼저 압도적인 시장 점유율(양)을 획득한 다음 해당 고객 기반으로부터 수익을 내는 전략이다. 그래서 당시 대형 증권사의 대면 서비스 대비 3분의 1 이하라는, 업계 최저 수준까지 주식 매매 수수료를 낮추기로 했다. '그런 식으로 수수료를 낮추다간 이트레이드 증권은 망할 것'이라는 말까지 나돌았다. 하지

만 그 결과 2004년 1월부터 3월까지 3개월간 개인주식 위탁매매 대금 점유율에서 처음으로 노무라 증권을 웃돌았다. 2004년 3월기 이후 SBI 증권은 온라인 증권사 가운데 개인주식 위탁매매대금 점유율·계좌 수·예치 자산 모든 부문에서 압도적 1위라는 지위를 확립했다. 계좌 수에서는 다이와 증권까지 넘어섰다. 노무라 증권을 제치는 일은 시간문제라고 본다(앞 그림 참조).

2007년에 설립한 스미신SBI넷은행은 인터넷 전문은행 중에서는 후발주자다. 하지만 높은 예금 금리와 이체 수수료 무료화, 편의성 높은 주택 대출 상품 개발, SBI 증권과의 시너지 효과 등으로 인해 인터넷 전문은행 중 예금액 1위가 될 수 있었다(앞 그림 참조).

실리콘밸리에서 찾은 힌트

SBI 그룹은 사업을 개시하자마자 곧장 다양한 분야의 금융 자회사를 급속도로 설립해 나갔다. 금융의 '기업 생태계'를 구축해서 '시스템의 차별화'를 도모하려는 목적이었다.

'생태계'는 영어로 '에코시스템(Ecosystem)'이라고 한다. 과학 분야에서는 1930년대부터 사용되기 시작한 용어다.

비즈니스 세계에서는 그로부터 반세기 정도 후인 1990년대 초 미국 실리콘밸리에서 이 용어가 사용되기 시작했다. 창업주가 투자자 등으로부터 자금적인 면을 비롯해 다양한 협력을 얻어 사업을 론칭하고 성공에 이르는 과정을 가리켜 '벤처 에코시스템', '비즈니스 에코시스템'과 같은 형태로 사용한 것이다.

소프트뱅크에서 미국 벤처기업에 대한 투자를 담당하고 있던 관계로 나도 일찍부터 에코시스템이라는 용어를 알았으며 관심을 두고 있었다.

그리고 SBI 그룹을 직접 설립할 때 '에코시스템=생태계'라는 개념과 시스템을 도입하기로 한 것이다.

'기업 생태계'란 상호작용하는 조직과 개인의 기반에 의해 지탱되는 경제 공동체를 뜻한다.

그룹 안의 기업이 시너지를 낼 수 있다면 단일 기업만으로는 제공하지 못하는 '네트워크 가치'를 만들어낼 수 있다.

한 가지 사업만을 영위하는 기업은 불황에 대한 저항력이 약한 경향이 있다. 반면 기업 생태계를 형성한 기업 그룹은 어떨까? 불황 때문에 한 기업이 고전하게 되더라도 그룹 내에서 호조인 기업이 전체의 실적을 끌어올려줄 수 있어 불황 저항력이 강해진다.

'기업 생태계'라는 개념과 시스템은 미국에서 한때 유행했던 '복합기업(Conglomerate)'과는 다르다. 복합기업이란 비즈니스상 관계성이 없는 다양한 업종의 기업을 모아 놓은 거대 기업 집단을 의미한다.

복합기업은 1960년대 미국에서 등장했다. 대부분은 주당이익(EPS)을 올리기 위해 인수나 합병을 통해 사업 범위를 확장하고 다각화했다.

그러나 1980년대에는 복합기업 대부분의 실적이 저조해졌다. 1990년대에 들어서자 다각화의 움직임이 약해졌다. 기업의 핵심 사업만 남기고 나머지는 분사하거나 매각하는 편이 기업 가치가 높아진다는 사고방식이 주류를 이루었다.

나는 '기업 생태계'라는 콘셉트하에 경영을 추진할 때 어떻게 복합기업의 폐해를 피할 수 있을지를 늘 고민했다.

그래서 내가 주목했던 것이 2명의 학자가 진행한 연구다.

한 사람은 리처드 루멜트(Richard P. Rumelt) 교수다. 그의 연구에 따르면 복수의 사업을 전개하는 기업에서 사업 포트폴리오를 구축하는 기업 상호 간의 관련성이 높을수록 수익성이 높다는 사실이 밝혀졌다. 관련 사업 간 시너지 효과가 나면 높은 수익성을 가져다줄 것이라는 내 직감을 뒷받침하는 연구로, 크게 자신감을 가질 수 있었다.

또 한 사람은 제임스 무어(James F. Moore) 교수다. 그가 바로 이 '기업 생태계'라는 콘셉트를 제창했다. 급격한 기술 혁신이 진행되는 시대에 기존의 동업 타사와 경쟁하는 것은 의미가 없다. 이때는 서로 시너지가 생기는 다종다양한 기업군, 나아가 사용자까지 포섭한 '비즈니스 생태계'가 경쟁 전략상 중요하다. 이 같은 사고방식은 내가 구상하던 기업 그룹의 바람직한 존재상에 명확한 방향성을 부여해주었다.

그룹 기업 간의 시너지 발휘

이처럼 SBI 그룹은 '기업 생태계'라는 콘셉트로 단기간 동안 증권과 은행, 보험 등 다양한 분야의 금융 자회사의 설립과 인수를 통해 그룹을 급속도로 확대했다.

예를 들면 1999년 7월에 소프트뱅크 인베스트먼트(현 SBI 홀딩스)를 설립하고 벤처캐피털 사업을 시작했다. 이는 소프트뱅크가 순수 지주회사화함에 따라 1999년 4월 관리본부를 분리 독립시킨 중간지주회사인 소프트뱅크 파이낸스 주식회사가 생긴 지 불과 3개월 만의 일이다.

벤처캐피털 사업의 주된 수익원은 투자처인 벤처기업이 주식 공개(IPO)나 M&A로 엑시트하는 것이다. 그래서 소프트뱅크 인베스트먼트의 투자처 기업이 IPO를 할 때는 소프트뱅크 파이낸스 산하의 이트레이드 증권(현 SBI 증권)이 주간사 혹은 간사 증권사로서 지원하기로 했다.

은행업의 경우 2007년에 인터넷 전문은행인 스미신SBI넷은행이 개업했다. 스미신SBI넷은행의 특징은 SBI 증권과의 밀접한 제휴에 있다. 스미신SBI넷은행에 계좌가 있는 고객은 'SBI 하이브리드 예금'을 이용할 수 있다. SBI 하이브리드 예금에 돈을 맡겨두면 굳이 SBI 증권에 자금을 송금하지 않고도 주식 매매 등의 거래를 바로 이용할 수 있다.

스미신SBI넷은행은 주택 대출이 중요한 수익원 중 하나다. 주택 대출을 이용하려면 단체신용생명보험이나 화재보험 등의 보험이 필요한데, 여기서 SBI 산하의 보험사 등과 긍정적인 시너지 효과가 발생한다.

SBI 그룹은 2015년에 구 일본PCA 생명을 인수해 SBI 생명을 설립했다. 스미신SBI넷은행이 취급하는 주택 대출의 절반은 SBI 생명의 단체신용생명보험을 가입하고 있다. 화재보험의 경우 스미신SBI넷은행은 2008년에 개업한 SBI 손보 쪽으로 고객을 소개한다. SBI 손보의 계약 수는 가파른 증가세를 보이고 있다.

이런 사업 전개를 통해 2016년에는 증권, 은행, 손보, 생명과 벤처캐피털 등 다수 기업으로 구성된 '금융 생태계'가 완성되었다. 세계적으로도 유례를 찾아보기 힘든 방식이다. 금융 생태계로부터 만들어지는 '네트워크 가치'의 힘이 타사와의 커다란 차별화로 이어지고 있다.

'기업 문화' 정착을 위한
총수로서의 행동

내가 '기업 생태계'라는 콘셉트와 더불어 SBI 그룹 창업 당시부터 강하게 의식했던 점은 기업 문화의 DNA를 확고히 정착시키는 것이었다.

일반적으로 기업의 경영 자원이라면 '사람, 재물, 자본, 정보' 4가지를 꼽는다. 나는 여기에 하나 더 '기업 문화'를 추가해야 한다고 생각한다.

1999년 SBI 그룹이 출범했을 때 일본의 금융업계는 전례 없는 재편의 시기였다. 그로 인해 기존 금융 기관의 많은 인재가 SBI 그룹으로 이직했다.

　이직한 인재들은 지식과 경험을 두루 갖춘 즉시 전력이기는 했다. 다만 원래 다니던 회사의 기업 문화에 많든 적든 영향을 받고 있었다. 이들을 어떻게 하나의 기업 그룹으로 결속시켜 같은 가치관과 방향성으로 움직이게 할지가 커다란 과제였다.

　그래서 나는 사원들에게 내 비전과 사고방식을 반복해서 이야기하고 당사의 임직원들에게 읽게 할 목적으로 몇 권의 서적도 집필했다.

　획일적인 조직 풍토에는 장단점이 있다. 다만 당사 그룹은 획일적이기보다는 다양화한 인재상을 추구한다. 그러면서도 예를 들면 경영 이념 중 하나로 내건 '올바른 윤리적 가치관'은 일관되게 지키는 기업 풍토가 조성되기를 바란다. 이를 양성하고자 2006년부터는 대졸 신입사원을 채용해 수고와 시간을 들여 처음부터 교육시키는 방침도 취하고 있다. 확실히 하나의 기업 풍토를 양성하는 데 있어 중요한 플러스 요인이 되고 있다. 1999년 그룹 창업부터 경력 채용 사원 중심으로 돌아가던 조직에 신규 졸업자 사원이 결합함으로써 영속성을 지닌 활력 있는 조직체가 창조될 것이라 생각한다.

　나는 신규 졸업자 사원에게 격주로 여러 가지 과제를 부여하고 보고서를 제출하게 한다. 입사한 지 반년 지난 무렵에는 매년 '업무에 관한 생각이 어떻게 달라졌는지, 자신에 대해 어떤 문제

점을 발견했는지'와 같은 주제의 과제로 보고서를 작성하도록 한다. 보고서는 내가 직접 훑어보고 피드백을 해주고 있다.

이처럼 총수인 내가 직접 선두에 서서 기업 문화의 DNA 형성을 도모해왔다.

끊임없는 성장을 위한 대담한 재편

창업 초기 '기업 생태계'의 형성·구축을 위해 소프트뱅크 파이낸스 산하에 44개 자회사를 단번에 만들었다. 어느 회사가 인터넷 세계에 적합한지, 혹은 지금 시장에 적합한지를 판별해내기 위해서다.

이어서 이트레이드 증권(현 SBI 증권), 소프트뱅크 인베스트먼트(현 SBI 홀딩스), 모닝스타와 같은 '핵심 기업' 아래 44개사를 재편성하는 작업을 진행했다.

풍선에 공기를 계속 집어넣으면 언젠가는 터진다. 우리 기업 그룹도 마찬가지다. 회사 수가 계속 늘어나면 질서 있는 생태계를 유지하기가 어려워진다. 그래서 그룹 내 전략적 재편과 집약화를 통해 복수의 핵심 기업 형성과 자기 증식 메커니즘을 만들어야겠다고 생각했다.

그 후 사업회사인 소프트뱅크 인베스트먼트와 지주회사로서 산하에 이트레이드 증권을 둔 이트레이드를 합병시켰다. 신설 소프트뱅크 인베스트먼트(현 SBI 홀딩스)는 이 합병으로 사업회사와 지주회사 양쪽의 성격을 지닌 사업지주회사가 되었다.

즉 사업회사로서는 자산 매니지먼트, 중개 및 투자금융, 금융서비스 등 3가지 핵심 비즈니스를 주축으로 하는 기업 그룹의 성격을 띠게 되었다. 한편 지주회사로서는 산하의 유력 기업을 잇달아 상장했다.

2000년 12월 소프트뱅크 인베스트먼트는 오사카증권거래소·나스닥저팬 시장에 상장했다. 2002년 2월에는 도쿄증권거래소 1부 시장에 상장했다. 매매 대금도 어떤 때는 상위 10위에 등극하기까지 했다.

1999년 그룹 창업부터 2005년 지주회사화하기까지 6년 동안 주식 공개시킨 회사는 7개 회사에 이른다. 일본에서 이렇게 단기간에 이만큼의 회사를 각각 이익을 확실히 내도록 키워내 주식 공개시킨 사례는 없을 것이다.

이렇게 자회사를 주식 공개해 얻은 자금으로 새로운 사업을 시작하고 그룹을 더욱 확대해 주주 가치를 증식시키는 것이 당시의 기본적인 사고방식이었다.

　　이런 과정을 거쳐 SBI 그룹은 2005년 7월 순수 지주회사 체제로 이행했다. 소프트뱅크 인베스트먼트는 상호를 SBI 홀딩스로 변경하고 순수 지주회사가 되었다.

　　여기에는 3가지 목적이 있었다.

　　첫째로 금융업의 통합화 흐름을 선도하는 종합 금융 그룹 체제의 구축이다. 이는 업태의 울타리를 넘어선 금융 기관의 복합 기업화를 추진하는 금융 행정 당국의 사고방식과도 일치하는 것이었고, 이에 대한 주도권을 잡으려는 의도가 있었다.

　　둘째로 철저한 그룹 시너지를 추구하는 사업 포트폴리오의 구축이다.

　　지주회사에서 그룹 전체와 관련된 사업 전략 및 경영 이념과 비전을 책정하고 그것을 그룹 전체에 정착시켰다. 이로써 비약적인 기업 성장을 실현하는 기업 집단 형성을 도모하는 것을 목표로 삼았다. 사업 포트폴리오의 전략적 추가·교체를 기동적으로 실시함으로써 사업의 효율화를 추진하는 것도 가능해진다.

　　그리고 셋째로 '금융을 핵심으로 금융을 뛰어넘는다'를 실천하는 조직 체제의 구축이다.

　　2005년 3월 소프트뱅크의 연결 자회사에서 독립해 사업 영역의 제약이 없어짐으로써 다양한 분야에서 속도를 높여 전개할 수 있게 되었다. 물론 금융 이외의 비즈니스를 시작한다 해서 문어발식으로 하겠다는 뜻은 아니다. 금융업의 기업 생태계를 더 확대·강화하는 데 이바지하는 영역이나, 금융과 겹쳐지는 영역의 생태계를 확대한다는 것이 기본적인 사고방식이었다.

'일본의 SBI'에서
'세계의 SBI'로

2005년 SBI 그룹은 지주회사 체제로 이행함과 동시에 또 한 가지 커다란 전략적 결단을 내렸다. 바로 중국을 비롯한 아시아 신흥국에 대한 본격적인 투자 사업 개시였다.

이 결단의 배경에는 일본 경제 구조의 커다란 변화가 있었다. 즉 2005년에 일본의 무역 수지와 소득 수지가 역전한 것이다(다음 그림 참조).

그때까지 일본은 이른바 수출형 경제 구조였다. 해외로부터 수입한 원유와 자원을 이용해 일본 내에서 공산품을 생산하고 그것을 수출해 돈을 벌어들였다. 그러나 2005년을 경계로 무역에 의한 흑자보다 해외 투자로부터 얻는 이자나 배당 등의 흑자가 웃돌게 되었다. 일본은 무역으로 버는 시대에서 투자로 버는 시대로 이행한 것이다.

일본의 무역 수지와 자본 수지의 추이

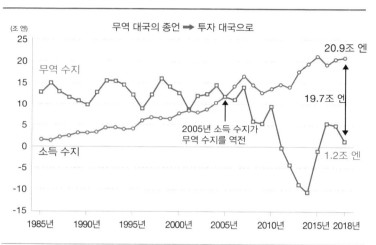

출처: 일본은행 시계열 통계 데이터 사이트에서. 1995년까지는 5판 기준 속보치,
1996년부터는 6판 기준 수치를 사용해 당사 작성

한편 국가·지역별 세계 인구 구성을 살펴보면 중국은 14억 명, 인도는 13억 명의 인구를 보유하고 있다. 아시아는 세계 인구의 약 50%를 차지한다(다음 그림 참조).

중국을 중심으로 하는 아시아 신흥국은 경제 규모 및 장래성 면에서 존재감을 급속하게 키워왔다. 현재도 그 상황에 변함은 없다(다음 그림 참조).

SBI 그룹은 이런 시대의 변화를 예견해 2005년부터 중국을 비롯해 아시아 신흥국에 대한 본격적 투자를 결단하고 실행해왔다.

세계 지역별 인구 구성 (2018년)

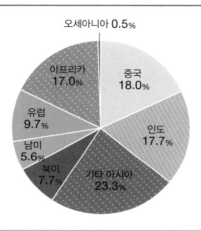

오세아니아 0.5%
아프리카 17.0%
중국 18.0%
유럽 9.7%
남미 5.6%
북미 7.7%
기타 아시아 23.3%
인도 17.7%

먼저 2005년 싱가포르의 정부계 투자회사인 TEMASEK(테마섹) 그룹과 공동으로 절반씩 투자해 JV(조인트벤처)로 설립한 'New Horizon Fund(뉴호라이즌 펀드)'가 있다. 이 펀드는 중국 유망 기업을 대상으로 하는 미화 1억 달러 규모의 투자 펀드다. 이후로 경제 성장이 눈에 띄는 아시아 국가를 중심으로 현지의 여러 유력 파트너사와 제휴해 투자 사업을 확대시켰다. SBI 그룹의 해외 거점도 확충해 아시아 신흥국은 거의 망라했다고 할 수 있겠다.

2011년 4월에는 일본에 본적을 둔 기업으로는 처음으로 홍콩 증권거래소에 상장했다.

지역별 GDP의 추이

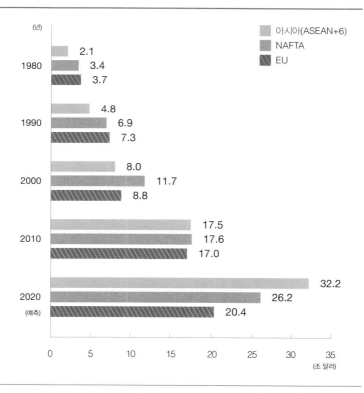

출처: IMF 〈세계경제전망(World Economic Outlook)〉(2015년 4월)을 토대로 당사 작성

SBI 그룹은 일본의 SBI에서 세계의 SBI로 변모하기 위해 글로벌 기업으로의 성장을 지향하는 단계에 들어선 것이다.

모든 상황을 둘러싼 변화가 매우 빠른 속도로 일어나는 시대다.

과연 변화를 미리 감지할 수 있을까?

그 변화에 대비할 수 있을까?

이는 기업 형태를 고찰하는 데 있어 본질적인 문제다.

경제 환경에 유연하게 대응하며 착실히 성장

리먼쇼크에 대한
신속 대응

2008년은 리먼쇼크로 인해 세계적인 경제 위기가 발생한 해다. SBI 그룹도 영향을 받았지만 타사와 비교하면 타격은 경미했다. 오히려 그 후의 새로운 성장을 향한 준비를 진행한 시기이기도 하다.

당시 상황과 당사의 전략적 대응을 되돌아보고자 한다.

2000년대 전반은 IT 거품 붕괴와 2001년 미국 9·11 테러를 계기로 FRB(미국 연방준비제도위원회)가 정책 금리의 대폭 인하를 단행했다. 따라서 세계적으로 금융 완화가 이루어졌으며 금융 자산과 자원 가격의 상승이 발생했다.

그런 가운데 미국에서는 공전의 주택 열풍을 배경으로 하는 서브프라임 론의 이용률이 폭발적으로 증가했다. 서브프라임 론 채권을 분할·증권화한 금융 상품을 전 세계 금융 기관이 구입했다.

결과적으로 세계 금융 자산액 대비 명목 GDP 비율은 1980년의 109에서 2006년에는 346으로 뛰어올랐다.

나는 2007년 7월 무렵부터 이 서브프라임 론이 마음에 걸렸다. 막연하게 '어쩌면 이건 큰 문제가 될 수도 있겠다'라는 생각이 들기 시작했다.

그 직후인 2007년 8월 프랑스의 대형 금융 기관 BNP 파리바가 산하 투자 펀드의 자산을 동결하고 투자자의 해약에 대한 제한을 발표했다. 내 불안은 확신으로 바뀌었다.

이것이 이른 시점에 대책을 강구하는 계기가 되었다. 이후 상황은 점점 더 악화됐고 2008년 9월 리먼쇼크로 이어졌던 것이다.

리먼쇼크 후인 2009년 3월기 SBI 홀딩스의 연결 실적은 어땠을까? 일단 수익의 주축인 자산 매니지먼트 사업과 SBI 증권을 주체로 하는 중개 및 투자금융 사업이 시장 환경의 악화로 인해 큰 영향을 받았다. 주식시장 침체로 인한 영업 투자 유가증권 평가손익 계상까지 더해져 매출액 40% 감소, 영업 이익 90% 감소, 경상 이익은 불과 3,700만 엔으로까지 추락했다.

그리고 투자 유가증권 평가손익, 대손충당금, 지분법 투자손실 등으로 인해 창사 이래 처음으로 183억 엔 남짓의 당기 순손실을 기록했다.

확실히 영향이 크기는 했다. 다만 영업 이익 단계에서는 주요 사업 부문인 자산 매니지먼트 사업, 중개 및 투자금융 사업, 금융 서비스 사업 등이 모두 흑자를 확보하는 등 각 사업이 수익을 확보할 수 있는 체제는 유지되고 있었다.

SBI 그룹에서 신속한 위기 대응을 진행하고 있었기 때문이다.

예를 들면 출자 비율이 당시 55.8%였던 그룹 최대의 캐시카우(현금을 창출하는 사업 부문) SBI 이트레이드 증권(현 SBI 증권)을 2008년 8월 완전 자회사화하기로 했다.

당시 자스닥 상장 기업이던 SBI 이트레이드 증권을 상장 폐지(시장에서 다시 사들여 사유화, 즉 비공개화)한 것이다. 또 2007년 9월에 개업한 스미신SBI넷은행의 조기 흑자화를 위해 운용에 관련된 시스템을 맹렬한 속도로 완성시켰다.

아시아권도 금융 위기에 휘말릴 가능성이 커지리라고 보았다. 그래서 2007년 2월에 막 투자한 한국 교보생명보험의 모든 보유 주식을 2007년 9월까지 양도했다. 우리가 주도해 설립한 JV였으며 이후 2004년 6월에 모든 주식을 취득한 한국 최초의 인터넷 전문 증권사인 이트레이드코리아(E*TRADE Korea)도 2008년 9월에 매각을 완료했다.

이트레이드코리아의 주가는 양도 계약을 체결한 2008년 4월 10일 시점에 주당 2만 2,000원이었다. 그런데 2008년 11월이 되자 4,355원(11월 20일 시점)까지 떨어졌고 원화 또한 대폭락했다. 물론 이 거래는 계약대로 2만 2,000원에 성사되었다.

이처럼 그룹 전체가 조직의 가지치기 작업과 재편성을 신속하게 진행했다. 우선순위를 매겨 경영 환경을 정비했던 점이 영향을 최소한으로 줄이는 데 주효했다고 할 수 있겠다.

'현금이 최고다(Cash is King).' 경영자는 항상 이 말을 염두에 두어야 한다.

불황 속에서
미래 성장을 내다보다

세계가 대불황에 접어들고 있음을 미리 감지했다는 것은 '시국을 통찰한다' 혹은 '시무(時務)를 잘 안다'는 뜻이다. 이것이 결정적으로 중요했다고 생각한다.

이는 불황에 대응함과 동시에 폭풍이 지나간 다음을 예상하고 미래 성장을 위해 신규 사업에 과감하게 도전하는 일로 이어진다.

2007년 9월에는 스미토모 신탁은행(현 미쓰이스미토모 신탁은행)과의 합병으로 설립한 스미신SBI넷은행이 업무를 개시했다. 스미신SBI넷은행 설립은 스미토모 신탁은행과 예전부터 협의를 진행해온 일대 프로젝트다. SBI 그룹 창업 당시부터 내걸어온 금융 생태계를 구축하는 데 있어 은행업은 빠질 수 없는 요소였다.

2008년 1월에는 아이오이 손해보험(현 아이오이닛세이도와 손해보험)

과의 합병으로 설립한 SBI 손보가 영업을 개시했다. SBI 손보 설립 역시 같은 목적 때문이다.

세계적인 금융 위기가 진행되는 와중에도 종합 금융 그룹을 지향하는 데 필요한 대책을 착실히 진행했다.

투자 사업에서도 한층 더 도약하기 위한 다양한 포석을 두었다.

1990년대 후반 발생한 아시아 금융 위기로 한국 경제는 위기 상황에 빠졌다. 다만 거시 경제 악화가 매우 강렬했던 한편 의외로 회복도 빨랐다. 당시의 기억으로부터 한국 기업의 매각과 병행하며 새로운 펀드를 조성하고 한국에 대한 재투자 기회를 엿보았다.

또 리먼쇼크 등 일련의 흐름 속에서 외환 시장은 엔화 강세로 출렁였다. 세계 주식시장도 매우 침체할 것으로 예측되었다.

이는 엔화 강세로 인해 달러 기준으로 약속(Commit)했던 투자 금액이 줄어든 데다, 가격이 크게 내려간 매력적인 해외 투자 안건을 발견할 가능성이 넓어졌다는 뜻이기도 하다.

그래서 잇달아 펀드를 조성하면서 실제로 투자할 시점은 신중하게 가늠해보고 있었다.

5대 핵심 사업을 통한
금융의 '펜타곤 경영'

파리바쇼크(2007년), 리먼쇼크(2008년) 뒤로도 그리스 채무 문제 (2009년), 유럽 채무 위기(2010년) 등 경제 환경은 장기적으로 악화했다. 그런 가운데 SBI 그룹은 'Strategic Business Innovator(전략적 사업 혁신자)'로서, 또 끊임없이 자기진화하는 기업으로서 항상 도전을 이어나갔다.

그리고 다음 성장 무대를 전망해 2010년 3월 새로운 경영 전략을 내놓았다. 바로 금융 서비스 사업의 '펜타곤 경영'이다.

'펜타곤 경영'에서는 SBI 그룹의 금융 생태계 중 '증권', '은행', '손해보험', '생명보험', '결제 서비스'를 5대 핵심 사업으로 규정한다. 그리고 핵심 사업 간 상호 시너지를 발휘시켜 각 핵심 사업의 성장을 촉진하기로 했다.

각각의 핵심 사업 주변부에는 해당 사업의 지원 기능을 보유한 관련 기업·사업을 배치했다. 이를 통해 각 핵심 사업과의 시너지 효과를 철저하게 추구하는 것을 목표로 했다.

그전까지 SBI 그룹은 인터넷 금융을 중심으로 발전해왔다. 여기서 더 나아가 5대 핵심 사업의 성장을 가속함과 동시에 고객의 다종다양한 니즈에 부응할 수 있는 진정한 고객 중심주의를 실현할 필요가 있다고 보았다. 이를 위해 주로 프랜차이즈 형태에 의한 'SBI MONEY PLAZA(SBI 머니플라자)'의 점포 전개를 중심으로 '온라인'과 '오프라인'의 융합을 추진하기로 했다.

구조가 복잡하고 위험성도 높은 금융 상품과 생명보험, 고액을 다루는 주택 대출 같은 경우는 대면 상담에 대한 니즈가 여전히 강하다. 고령자 층을 중심으로 인터넷을 충분히 활용하지 못하는 고객도 많다. 이런 니즈에 대응해 인터넷 이해도가 높지 않은 고객에게도 저비용으로 개인 맞춤형 금융 상품을 제공할 수 있도록 했다. 결과적으로 온라인과 오프라인 양쪽에서 '일본 최대의 금융 상품 총판점'이 되는 것을 목표로 잡았다.

SBI 머니플라자에서는 자산 운용, 보험, 주택 대출 등 모든 분야의 다양한 금융 상품을 취급한다. 대면 서비스를 원하는 고객의 니즈에 대응할 수 있는 데다 우리로서는 새로운 고객층의 획득으로 이어진다.

펜타곤 경영에는 또 한 가지 의도가 있다. SBI 그룹이 지금까지 일본에서 축적해온 인터넷을 활용한 금융 사업 시스템과 노하우를 해외 신흥국 각국의 경제 발전 단계에 맞춰 순차적으로 전파하는 것이다.

각국의 경제 상황을 감안하면서 투자 사업을 통해 구축한 현지 유력 기관과의 파트너십을 적극적으로 활용해 신흥국에서 금융 서비스 사업 전개를 추진한다는 뜻이다.

전사 수익성 향상을 지향하는 '브릴리언트 커트화'

'펜타곤 경영'을 발표한 지 4개월 뒤인 2010년 7월에 SBI 그룹의 새로운 콘셉트로 '브릴리언트 커트화(化)'를 내놓았다.

'펜타곤 경영'은 금융 서비스 사업의 전략이다. 반면 '브릴리언트 커트화'는 일본 국내 사업 전체의 수익성 향상을 목표로 하는 기본 방침이다.

SBI 그룹을 창업하고 나서 10년 동안은 그룹 규모 확대와 기업 생태계 구축을 최우선으로 하는 경영을 추진해왔다. 최근 10년 사이 SBI 그룹은 인터넷을 주요 채널로 한 증권과 은행, 보험 사업을 그룹 내에 보유함으로써 세계적으로도 매우 독특한 인터넷 금융 복합기업으로 성장했다.

또 아시아를 중심으로 한 유망한 신흥국의 현지 유력 파트너와의 제휴를 통해 글로벌 투자 체제를 구축했다. 해외 신흥국으로 금융 서비스 사업을 전개하기 위한 포석도 거의 마무리되었다.

이런 상황을 감안해 2011년 3월기 이후를 주당 당기순이익

(EPS)의 성장을 중시하는 2단계로 이행할 시기로 규정했다. SBI 그룹의 '브릴리언트 커트화'를 위해 EPS의 지속적 성장을 지향한 수익성 중시 경영으로의 전환을 도모하기로 했다.

원래 '브릴리언트 커트(Brilliant Cut)'란 대표적인 다이아몬드 연마법이다. 다이아몬드 원석을 58면체로 커팅해 연마하면 상부 면을 통해 다이아몬드 안으로 진입한 빛이 내부에서 굴절해 다시 상부에서 방출되고 표면 반사와 합쳐져 가장 아름답게 빛난다. 브릴리언트 커트 기법의 원형은 17세기 베네치아에서 개발되었다. 이후 1919년 벨기에 출신의 수학자 마르셀 톨코스키가 이론적으로 가장 완벽한 광채를 방출하는 커팅(Ideal Cut) 방식으로 발표했다.

이를 기업 생태계의 이상적인 존재상으로 조직에 적용한 것이 바로 브릴리언트 커트화다. 적절한 규모로 기업 생태계를 형성함으로써 개별적으로 광채를 방출하는 기업이 서로 결부해 시너지 효과가 발휘되어 상호 진화가 이루어진다. 결과적으로 하나의 기업 생태계로서 광채를 극대화하려는 것이다.

구체적으로는 그룹 기업 중 58개 주요 사업체를 선별했다. 그리고 이 주요 사업체들을 연마해 추가적인 이익 성장을 지향하고자 각사의 수익력, 재무 상황 모니터링 등의 시책을 실시했다. 동시에 자회사화 및 흡수 합병 등을 통한 그룹의 사업·조직 개편도 진행되었다.

예를 들면 2011년 4월에는 웹사이트 구축 지원 등을 담당했던 고메즈 컨설팅을 상장 폐지하고 모닝스타의 완전 자회사로 흡수 합병했다. 사업 영역이 비슷해진 2사를 통합해 운영함으로써 비용 절감과 영업력 강화 등을 도모하기 위해서다.

2011년 8월에는 SBI 홀딩스가 SBI 베리트랜스를 완전 자회사화했다. 당시 SBI 베리트랜스가 제공하는 전자상거래 사업의 일본 국내 시장이 포화 상태에 있었던 것이 배경이다. 따라서 해외 전개에 속도를 높이기 위해 SBI 홀딩스와 통합해 운영하려는 목적이 있었다.

'브릴리언트 커트화'의
3단계

SBI 그룹의 '브릴리언트 커트화'는 총 3단계로 진행되었다. 2010년 7월에 개시한 1단계에서는 각사의 영업 이익 개선을 최대 목표에 두었다. 2011년 4월부터 시작된 2단계에서는 영업 이익뿐만 아니라 ROE(자기자본이익률)와 ROI(투자이익률), EBITDA(이자·세금·감가상각비 차감 전 영업 이익)와 같은 여러 지표를 활용해 대차대조

흑자/적자 회사·사업부 수익 증감 분석 (2010년 3월기 및 2012년 3월기)

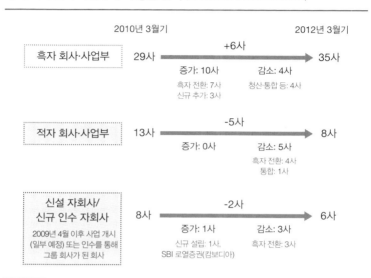

표와 현금흐름적인 관점에서도 각사의 수익력 검증을 진행했다.

이 같은 노력의 결과 2010년 3월기와 2012년 3월기를 비교해 보면 흑자 회사·사업부는 29사에서 35사로 6사 증가한 한편, 적자 회사·사업부는 13사에서 8사로 5사 감소했다(위 그림 참조).

흑자 회사·사업부의 영업 이익 합계액은 164억 엔에서 275억 엔으로 111억 엔 증가했다.

2012년 3월부터 브릴리언트 커트화는 3단계로 이행했다. 금융 서비스 사업에서 증권, 은행, 보험의 3대 핵심 사업과의 시너지 강약을 검증하고, 강한 시너지가 예상되는 사업 분야에만 경영 자원을 집중하는 것이다. 즉 3단계의 목적은 철저한 '선택과 집중'이다.

이 방침에 따라 SBI 베리트랜스의 모든 주식을 매각하고 당사가 보유한 월스트리트저널 저팬의 모든 지분을 미국 다우존스에 양도했다. 또 SBI 크레디트의 모든 지분을 마루베니 그룹에 양도했다. 이를 통해 2012년 3월기 이후에 500억 엔 이상을 회수했다.

3대 핵심 사업과 강한 시너지가 예상되지 않는 자회사는 적극적으로 주식 공개를 진행했다. SBI 모기지(현 아루히)는 2012년 4월 한국거래소 코스피 시장에 상장했고, SBI 액시즈(현 SBI 핀테크솔루션즈)는 2012년 12월 한국거래소 코스닥 시장에 상장했다.

이렇게 사업 매각과 신규 공개로 확보한 자금은 금융 서비스 사업의 3대 핵심 사업 강화에 충당해 나갔다.

한편 SBI 머니플라자를 운영 주체로 하는 대면 판매사업의 조직 개편이 이루어졌다. SBI 서치나와 SBI 에셋매니지먼트를 모닝스타가 자회사화하고, SBI 포인트유니온의 포인트 사업을 SBI 카드가 흡수 분할을 통해 승계했다. 이처럼 관련성 강한 사업은 통합적인 운영을 도모하고자 그룹 내에서 조직 개편을 단행했다.

2012년 3월에는 지진보상보험을 다루는 소액 단기보험 사업자인 니혼신사이파트너즈 주식회사(현 SBI 리스타 소액단기보험)의 주식을 취득해 연결 자회사화했다. 이를 계기로 소액 단기보험 사업의 확대도 목표로 하게 되었다.

IFRS 적용을 계기로
단행한 조직 개편

사업 환경의 변화에 대응한 유연한 조직 체제의 재검토는 2013년 3월기에도 이어졌다.

미국의 경영사학자 알프레드 챈들러 박사는 "조직은 전략을 따른다"라는 유명한 말을 남겼다. 나는 전략에 맞춰 조직을 개편하는 일이 매우 중요하다는 뜻으로 이해했다. 따라서 '세계의 SBI로'의 전환을 내다보고 이를 구현하기 위한 새로운 조직 체제 구축에 착수했다.

구체적으로는 회계상의 IFRS(국제회계기준) 적용을 하나의 계기로 삼아 '금융 서비스 사업', '자산 매니지먼트 사업', '바이오 관련 사업'의 주요 3대 사업을 축으로 그룹 조직 체제를 개편했다. 이로써 IFRS 적용에 따라 생겨나는 재무상의 변화에 대응함과 동시에 '세계의 SBI'를 구현하는 조직 체제 구축을 목표로 했다.

2011년 4월 SBI 홀딩스는 일본 기업으로서는 처음으로 홍콩증권거래소 상장을 달성했다. 다만 거래소로부터 IFRS 조기 적용을 요구받아 2013년 3월기의 1분기부터 IFRS 적용을 개시했다.

IFRS가 적용됨에 따라 자산 매니지먼트 사업에서는 회계 기간 중의 영업 투자 유가증권에 관한 공정 가치 변동과 환율 변동이 그대로 손익으로 인식된다. 기간 손익 변동이 기존보다 더욱 커질 가능성이 있다는 뜻이다. 따라서 자산 매니지먼트 사업은 다른 사업과 명확히 구분되는 것이 바람직하다고 생각했다.

게다가 해외 투자가 확대되면서 자산 매니지먼트 사업의 자금 및 환율 리스크 제어를 효율적으로 일원 관리하는 체제가 필요해졌다.

앞서 설명한 대로 금융 서비스 사업의 '브릴리언트 커트화'는 증권, 은행, 보험의 3대 핵심 사업과의 시너지를 철저히 추구하는 3단계로 이행되었다. 추가적인 시너지 추구를 위해 기존에는 별개 부문으로 나뉘어 있던 중개 및 투자금융 사업과 금융 서비스 사업을 일체화시켜 효율적으로 운영할 필요가 있다고 생각했다.

한편 새로운 수익원으로 기대되는 바이오 관련 사업은 순조롭게 성장하고 있다. 앞으로는 주요 사업으로 당사 사업의 커다란 주축 중 하나로 키우고 싶다.

이상과 같은 배경에서 2013년 3월 결산부터 사업 부문을 '금융 서비스 사업', '자산 매니지먼트 사업', '바이오 관련 사업'의 3가지로 개편하기로 했다.

그 후 금융 서비스 사업에서는 중간지주회사인 SBI 파이낸셜 서비시즈 산하에서 금융 서비스의 3대 핵심 사업인 증권, 은행, 보험 사업 간 시너지를 철저하게 추구하고 있다.

자산 매니지먼트 사업에서는 중간지주회사인 SBI 캐피털매니지먼트가 그룹의 투자 사업 자금과 환율 리스크 제어를 총괄, 일원 관리하는 등 해당 사업의 자금 운용·조달 효율화를 도모하고 있다.

바이오 관련 사업은 급성장하는 ALA 관련 사업을 중심으로 그룹의 주력 사업 중 하나로 의약품, 건강식품, 화장품 개발을 글로벌하게 진행하고 있다.

SBI 그룹의 핵심 사업
2개 회사

지금까지 수익을 견인해온 기업은 금융 서비스 사업의 SBI 증권이다. 2018년 3월기에 이어 2019년 3월기에도 매출과 이익 모두 사상 최고를 달성했다.

SBI 증권은 일본 최대 온라인 증권사다. 계좌 수와 예치 자산 액, 개인주식 위탁매매대금 점유율 등에서 경쟁 타사를 압도적 으로 능가한다.

점포를 통한 대면 영업이 중심인 기존의 각 증권사와 비교하 더라도 SBI 증권의 고객 계좌 수는 2017년 6월에 업계 2위인 다 이와 증권을 웃돌았다. 2017년 9월에는 400만 계좌를 돌파했으 며 2019년 3월 말에는 463만 계좌에 달했다. 현재 업계 1위인 노 무라 증권 다음가는 업계 2위다.

이와 동시에 업계의 선두주자로서 그룹 내 다른 금융 서비스 각사가 사업을 론칭할 때 '송객(送客)'을 담당하는 것도 SBI 증권 의 중요한 사명이다. 즉, SBI 증권에 계좌를 개설한 고객에게 그 룹 내의 은행 예금, 대출, 보험, FX와 같은 상품·서비스를 소개하 고 거래를 중개하는 역할을 맡는 것이다.

고객 입장에서는 SBI 증권이 원스톱으로 모든 금융 서비스를 이용하기 위한 허브, 즉 접근 거점의 역할을 한다고 볼 수 있다.

SBI 증권이 업계에서도 발군의 점유율을 획득할 수 있었던 비 결은 무엇일까? 고객 중심주의를 관철하고 매우 저렴한 수수료 를 제시함으로써, 주식과 투자신탁 등을 거래하고 싶은 고객이 가장 이용하기 쉬운 증권사라는 포지셔닝을 확립했다는 점이 주효했다고 본다.

일본에서는 2014년 니사(NISA, 소액투자비과세제도)가 시작되고 확정거출연금법 개정이 이루어졌다. 개정법 중 일부가 시행된 2017년에는 이데코(iDeCo, 개인형확정거출연금, 한국의 개인형 퇴직연금에 해당-옮긴이) 가입 대상자도 확대되었다. 그 후에도 2018년 2차례 개정법이 시행되어 본격적인 확대기에 접어들었다.

이런 기회에서도 비용(수수료)을 최소화한 서비스를 제공한다는 점이 고객 기반을 한층 더 확대하는 데 이바지하고 있다.

SBI 증권은 지금까지 온라인 증권사가 그다지 손을 대지 않던 대면 영업에도 주력하고 있다. 대면 점포인 SBI 머니플라자를 운영하는 한편 IFA(독립투자 자문업자)와의 업무 위탁, 지역 금융 기관과의 제휴 등으로 부유층 대상의 비즈니스 확충을 도모하고 있다. 덧붙여 현재는 프라이머리 및 세컨더리의 주식·채권 인수 업무와 금융 법인 대상 비즈니스 등 도매 비즈니스 확충을 통해 종합력을 한층 더 강화하고 있다.

SBI 그룹에서 금융 서비스 사업과 나란히 이익의 주축을 이루는 사업이 바로 자산 매니지먼트 사업이다. SBI 인베스트먼트를 중심으로 일본 국내외의 스타트업(벤처기업)에 투자하고 있으며 자산 운용에 관련한 다양한 서비스를 제공하고 있다.

벤처캐피털 사업을 경영하는 SBI 인베스트먼트는 AI(인공지능)

와 핀테크, 블록체인, 바이오 테크놀로지 등 세상을 변혁할 수 있는 유망한 분야에서 독자적인 경쟁력을 보유하고 있다. 이와 동시에 사회 공헌도가 높은 상품·서비스를 세상에 선보이려는 스타트업 벤처기업으로 범위를 좁혀 투자하고 있다.

다른 벤처캐피털과 비교해 특징적인 것은 SBI 그룹 내에 독자적인 지원 체제(인큐베이션 인프라)를 구축했다는 데 있다. 투자처 기업의 사업 단계에 맞는 영업 지원, 전략 수립, 임원 등 인재 파견, 내부 관리 체제 정비, 해외 진출 지원 등 전방위적인 핸즈온 (Hands-On, 인수·투자한 기업의 경영에 깊이 관여하는 관리 유형-옮긴이) 형식을 통한 적극적인 지원을 지속적으로 실시한다. 또 투자처 기업이 IPO를 달성해 투자 자금을 회수하고 나면 거기서 끝이 아니라, SBI 증권과 제휴를 맺고 장기간 경영에 관여해 사업 성장을 지원한다는 점도 SBI 인베스트먼트의 커다란 특징이다.

SBI 인베스트먼트는 해외 스타트업에도 적극적으로 투자하고 있다. 현재 투자 비율은 건수 기준으로 일본과 해외 비중이 7 대 3인데, 금액 기준으로는 4대 6으로 해외 쪽이 더 많다.

이런 글로벌 네트워크로 풍부한 투자 실적을 보유한 벤처캐피털 사업이 허브가 되어 SBI 그룹 내에서 다양한 신기술 도입을 가속시키는 선순환도 만들어지고 있다.

M&A보다 JV와
전략적 제휴를 중시하는 이유

세계적으로 금융 완화 정책이 장기화하는 가운데 M&A는 IT 업계를 비롯한 다양한 업계의 대중적인 현상이다. 그러나 나는 안이하게 M&A를 추진하는 일은 삼가야 한다고 본다.

과거 합병·인수 안건 중 4분의 3은 기업 가치의 창출로 이어지지 않는다는 국제적인 실증 연구가 있기 때문이다.

M&A 절차를 완결시키는 일 자체는 그리 어렵지 않다. 다만 M&A를 통해 인수한 기업을 중장기적으로 주주 가치 증대까지 이어 나가는 것은 지금까지 개인적인 오랜 경험에 비추어 보더라도 매우 어려운 일이다.

M&A가 어려운 이유 중 하나는 피인수 기업의 실제 현금흐름이 거래 성사 전에 예상했던 대로 되지 않는다는 데 있다. 결과적으로 투하자본이익률이 피인수 기업의 자본 비용을 웃돌지 않는 것이다.

또 하나는 인수 기업과 피인수 기업의 기업 문화와 기업 풍토가 상이하다는 점이다. 상이한 두 기업 문화가 잘 융합되지 않으면 거래 완결 전에 기대했던 시너지 효과가 작동하지 않는다. 그뿐만 아니라 피인수 기업의 핵심인 인재가 유출되거나, 고객 이

탈이 발생하거나, 생산성이 저하하거나, 경우에 따라서는 내분 까지 일어날 수 있다.

이런 사태를 피해 중장기적으로 기업 가치를 증대시키려면 PMIP(Post-Merger Integration Process, 합병 이후의 조직통합과정-옮긴이)가 중요 하다. 하지만 일본에서는 PMIP라는 개념을 충분히 이해하고 있 지 않고 또한 전문적인 통합 관리자도 거의 없다.

그렇게 봤을 때 나는 인터넷 관련 비즈니스라면 오히려 M&A 보다 조인트벤처(JV) 쪽이 기업 가치를 높이는 데 매우 효과적인 전략이라고 생각한다.

실제로 이트레이드, 모닝스타, 베리트랜스, 이론, 인스웹 등 미국 기업과 조인트벤처를 설립함으로써 회사 설립을 위한 투하 자본을 극히 적은 액수로 해결했다. 그리고 대부분 3~5년 만에 상장시켰다.

M&A는 신규 사업 론칭과 사업 규모 확대, 경영 자원 확보 등 의 시간을 절약한다는 점에서 좋은 방법이기는 하다. 하지만 PMIP에 필요한 시간과 에너지를 따져보면 항상 최선의 선택지 라고는 할 수 없다. 오히려 사안에 따라서는 조인트벤처 등 다른 방법은 없는지 반드시 비교 검토해야 한다.

다만 조인트벤처를 설립할 때는 출자 비율에 주의해야 한다. 나는 50대 50이 아니라 어느 한쪽이 주도권을 쥐는 체제, 즉 과

반의 의결권을 갖도록 해야 원활하게 돌아간다고 본다.

조인트벤처와 함께 SBI 그룹에서는 전략적 제휴라는 방법도 자주 이용한다.

고객 니즈의 다양화와 급속하게 진전되는 비즈니스 환경의 글로벌화, 기술 경쟁의 격화 등으로 인해 어느 기업도 한 회사의 경영 자원만으로는 고객 만족도를 높이지 못하게 되었다. 이런 상황에서 전략적 제휴는 막대한 자금을 들이지 않고도 양쪽의 전략적 목표를 달성할 수 있다. 그뿐만 아니라 기업 가치 증대 관점에서 보더라도 효과적이다.

앞으로도 이 방침은 견지해 나갈 생각이다.

왜 차세대 중추로
바이오를 선택했나

우리는 바이오 테크놀로지를 '차세대 핵심 사업' 중 하나로 파악하고 해당 분야에 대한 투자를 진행했다. 이와 동시에 SBI Biotech(SBI 바이오텍), SBI Pharmaceuticals(SBI 파마), SBI ALApromo(SBI 알라프로모) 등을 설립해 자체적으로 바이오 관련 사업에 진출했다.

　SBI 그룹의 경영 이념 중 하나가 '신산업 크리에이터 지향'이다. 바이오는 그야말로 21세기의 핵심 산업이라 할 수 있다.

　경영적인 관점에서 말하자면 증권 사업은 시장의 동향에 좌우되기 쉽다. 반면 의약품 업계는 경기의 영향을 받지 않으며 이익률도 높다는 특색이 있다(다음 그림 참조).

　한편 의약품 연구 개발, 특히 신약 승인의 장벽은 상당히 높다. 따라서 금융 서비스 사업과 자산 매니지먼트 사업이 안정된 현금흐름을 보장한다면 중장기적인 관점에서 연구 개발에 차분하게 임할 수 있다. 이처럼 바이오 관련 사업은 금융 서비스 사업 및 자산 매니지먼트 사업과 상호 보완성이 있으며 장래 그룹 차원의 경영 안정성에 이바지한다.

　SBI 바이오텍은 전 도쿄대 의과학연구소장이자 도쿄대 명예교수였던 아라이 겐이치 교수를 대표이사 사장으로 초빙해 2007년에 설립한 바이오벤처다. 암, 자가 면역 질환에 대한 혁신적인 의약품과 면역 세포 요법 등의 연구 개발을 진행하고 있다. 또 해외 바이오벤처 및 연구소와 사업 제휴를 맺고 있으며 글로벌 네트워크를 강점 삼아 프로젝트를 추진해왔다.

　미국 자회사인 Quark Pharmaceuticals, Inc.(쿼크)는 기존의 저분자의약품과 항체의약품이 노리지 못했던 표적 분자(RNA, DNA 등)를 신약 개발 목표로 할 수 있는 핵산의약품 개발을 진행하고

업종별 매출액 영업이익률

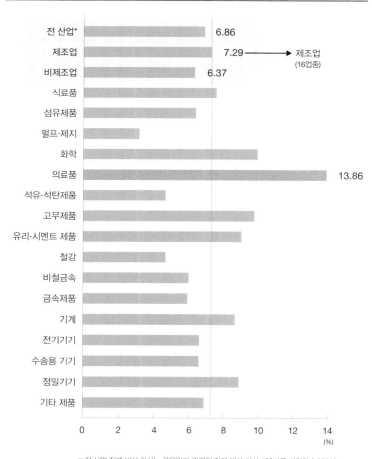

전 산업*	6.86
제조업	7.29 → 제조업 (16업종)
비제조업	6.37
식료품	
섬유제품	
펄프·제지	
화학	
의료품	13.86
석유·석탄제품	
고무제품	
유리·시멘트 제품	
철강	
비철금속	
금속제품	
기계	
전기기기	
수송용 기기	
정밀기기	
기타 제품	

0 2 4 6 8 10 12 14 (%)

※전 산업 집계 대상 회사는 금융업과 관련된 집계 대상 회사 166사를 제외한 3,250사

출처: 일본거래소그룹 〈결산단신 집계결과〉(2017년도)

있다. 핵산의약품은 항체의약품을 잇는 '차세대 분자표적약'으로 기대를 모은다. 현재 쿼크에서는 임상시험 최종 단계인 3단계가 2건 진행 중이며, 미국 FDA(식품의약품국)와 NDA(신약승인신청) 절차 이행을 둘러싸고 협의 중인 1건을 포함해 유망한 결과물이 3건 있다. 미국 나스닥 시장에 상장 가능한 요건을 충분히 만족하고 있으며 이를 위한 준비를 진행하고 있다.

SBI 파마는 동식물의 생체 내에 존재하는 아미노산의 일종인 ALA(5-아미노레불린산)를 주성분으로 하는 의약품, 건강식품 및 화장품의 연구 개발 사업을 진행하고 있다.

SBI 알라프로모는 ALA를 이용한 건강식품과 화장품의 판촉 등 판매사업을 총괄하고 있다.

• 칼럼   **생물의 에너지 생성에 필수인 아미노산,
ALA**

ALA란 5-아미노레불린산(5-Aminolevulinic Acid)의 약칭으로 동식물의 생체 내에 존재하는 아미노산의 일종이다. 아미노산은 단백질의 재료이고 단백질은 근육과 피부, 장기를 만들 뿐만 아니라 체내에서 일어나는 다양한 생체 반응을 관장한다.

ALA는 체내에서 철과 결합해 '헴철'이라 불리는 단백질이 된다. '헴철'은 생체 에너지를 만들어내는 중요한 작용과 깊은 연관이 있다.

하나는 '헴철'과 '글로빈'이 결합해 '헤모글로빈'이 되는 것이다. 헤모글로빈은 혈액 중에 포함되어 몸 안에 산소를 운반하는 역할을 담당한다.

다른 하나는 세포 내 소기관인 미토콘드리아에서 ATP(아데노신3인산)라는 생체 에너지가 만들어질 때 꼭 필요한 작용을 하는 '시토크롬'이 되는 것이다. '시토크롬'은 미토콘드리아에서 에너지원이 되는 ATP가 만들어질 때 전자 전달계라고 불리는 과정에서 중요한 역할을 담당한다.

이처럼 헴철은 ALA를 통해서만 만들어지며 ATP의 생성과 활성 효소 분해에 관여한다. 즉 ALA는 건강을 지원하는 중요한 성분인 셈이다.

ALA는 대부분 체내에서 만들어지는데 생산량은 연령에 따라 차츰 저하된다. 그 결과 세포 미토콘드리아의 ATP 생성 저하로 이어져 대사 저하를 초래한다는 사실이 밝혀졌다.

미노콘드리아 내 ALA 기능 이미지

ALA
+ ➡ 헴철 ➡ ATP 생성
철

이때 ALA를 외부에서 섭취한다면 대사 저하를 억제할 수 있다. 또 분자량이 적은 ALA를 피부를 통해 침투시키는 방식으로 피부 세포를 활성화하는 기능도 기대되고 있다.

다만 문제는 제조법이었다. 기존의 ALA 합성 방법은 많은 수고와 에너지가 필요한 탓에 제조비용이 너무 많이 들어 연구 등 한정된 용도로만 이용할 수 있었다. 그러나 오랜 연구 개발 결과 발효법이라는 제조 방법을 찾아냈다. 이를 통해 기존보다 저렴한 가격에 대량으로 ALA를 제조할 수 있게 되면서 ALA를 다양한 분야에 응용하는 길이 열렸다.

2008년 SBI 파마를 설립했다. 현재 ALA를 이용한 의약품 등의 연구·개발을 진행 중이다.

ALA를 이용한 화장품·건강식품의 판촉을 전개하는 SBI 알라프로모를 설립해 기능성 표시 식품, 건강보조식품, 화장품 등을 판매하고 있다. 예를 들면 2015년에는 ALA를 배합한 최초의 기능성 표시 식품 'ALA PLUS Toh Down(상품명: 알라플러스 당(糖)다운)' 판매를 개시했다. 이 제품에는 세포 내에서 흡수한 당의 연소를 촉진함으로써 높은 공복 혈당치를 정상에 가깝게 조절하고 식후 혈당치 상승을 억제하는 기능이 있다. 덕분에 많은 호평과 함께 여러 가지 상도 받았다. 2019년 3월에는 수면의 질을 개선하는 기능성 표시 식품 'ALA PLUS Fukai Nemuri(상품명: 알라플러스 숙면)' 개발을 개시했다.

ALA 이외의 성분을 사용해 생활 습관을 포함한 고민에 최적의 상품을 제안하는 기능성 표시 식품 개발이 진행 중이다. 첫 사례로 2017년에 기억력 유지를 돕는 'SBI Ichoha(상품명: SBI 은행잎)' 발매를 개시했다. 기능성 표시 식품은 아니지만 국립순환기병연구센터와 공동 개발한 'Hatsugagenmai no Sokojikara(상품명: 발아 현미의 저력'' 판매도 시작했다.

SBI 그룹의 의료용 의약품으로는 암 적출 수술 중에 암 부분을 가시화하는 진단약을 일본 국내외에서 전개하고 있다. ALA는 미토콘드리아 내의 대사 작용을 통해 프로토포르피린 IX(PP IX)라는 형광 물질로 변하는 특성이 있다. 지금까지의 연구로 PP IX는 암세포 내에 축적되고 특정 파장의 빛을 쬐면 암세포가 형광을 발산한다는 사실이 밝혀졌다. 이 특성을 활용해 SBI 파마는 2013년 9월에 뇌종양(신경교종) 광선역학 진단용제 'ALAGLIO®(알라글리오®) 내용제 1.5g'을 출시했다. 이어 2017년 12월에는 방광암 광선역학진단용제 '알라글리오® 과립제분포 1.5g'을 출시했다.

SBI 파마는 현재 일본 국내외 대학·연구 기관과 ALA에 관한 글로벌 연구 네트워크를 구축하고, 여러 대상 질환에 ALA를 이용한 기초 연구와 임상시험을 진행하고 있다.

암 복막파종이나 항암제 치료에 기인하는 시스플라틴 신증(腎症)질환 및 미토콘드리아병, 인공심폐를 이용한 심장 우회술에서 발생하는 경우가 많은 허혈 재관류 손상 등 폭넓은 분야에서 연구가 순조롭게 진전되고 있다.

이 밖에 일본 내에서 ALA가 유효 성분인 암 및 성인병 예방·개선제 등에 관한 특허약 50건을 취득했으며 해외에서도 순차적으로 취득 진행 중이다.

ALA 관련 사업의 글로벌 전개를 위해 2016년에는 유럽의 ALA 관련 의약품 개발업체인 독일의 photonamic(포토나믹)을 완전 자회사화했다. 포토나믹은 이미 뇌종양(글리오마) 수술 중 진단약인 Gliolan®(글리올란)과 광선각화증 치료약인 Alacare(알라케어)를 유럽을 중심으로 판매하고 있다. 글리올란은 미국에서도 승인을 받아 절찬리에 판매를 시작했다.

지금 계속해서 등장하는 혁신적인 신기술을 도입할 수 있느냐 없느냐가

기업의 생사를 좌우한다 해도 과언이 아니다.

그런 인식하에 나는 일본 금융 기관 혹은 세계 금융 기관보다도

가장 앞장서서 다양한 전략적 수단을 강구해왔다.

최첨단 기술을 도입해 새로운 비즈니스를 만들어야

금융업계에 전례 없는
기회가 찾아오다

최근 금융업계에 새로운 변화와 기회가 찾아오고 있다. 관건은 바로 새로운 기술인 '블록체인'이다.

SBI 그룹은 혁신적인 금융 서비스를 제공하고자 블록체인을 핵심 기술로 하는 '핀테크 2.0' 구상(후술)을 위해 다양한 실증실험을 거듭하며 한층 더 도약하는 그룹을 지향하고 있다.

블록체인과 '핀테크 2.0'의 영향력을 이해하는 데는 경기순환이론이 참고가 된다. 경기순환은 주기에 따라 그것을 발견한 경제학자의 이름을 딴 몇 가지 종류가 있다고 알려져 있다.

가장 짧은 순환은 40개월 정도로 알려진 '키친 순환(Kitchin Cycle)'이다. 키친 순환은 공장 생산 및 재고와 관련이 있다. 제조사는 주문 또는 수요 예측으로 상품을 생산하는데, 너무 많이 만들면 일부가 재고가 되어 재고 수준을 적정화하기 위한 생산 조정이 이루어진다. 키친 순환은 이 재고 조정 주기를 말한다. 지금까지 40개월 정도라고 알려져 있었는데 IT 보급으로 인해 최근 그 기간이 짧아진 것 같다.

약 10년 주기의 경기순환이 '주글라 순환(Juglar Cycle)'이다. 주글라 순환은 기업에 의한 기계 등의 설비 투자에 기인한 것이다.

'콘드라티예프 순환'과 사회 변화

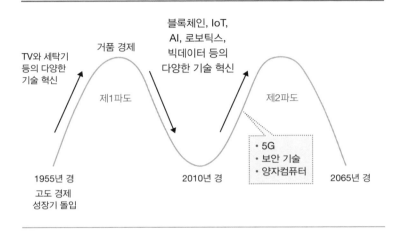

약 20년 주기의 '쿠즈네츠 순환(Kuznets Swing)'은 주택과 빌딩, 창고 등의 건설 수요에 기인한 것이다.

그리고 약 50~60년 주기로 가장 긴 순환이 '콘드라티예프 순환(Kondratieff Cycle)'이다.

'콘드라티예프 순환'은 주로 커다란 기술 혁신에 기인하는 것으로 알려져 있다. 20세기 후반 고도 경제 성장의 파도는 TV나 세탁기 등 다양한 가전제품의 대량 생산이라는 기술 혁신이 가져다준 것이다.

현재 등장한 빅데이터, AI, IoT, 블록체인 등 새로운 테크놀로지의 가능성이 크게 주목받고 있다. 이것이 아마 새로운 '콘드라티예프 순환'의 파도를 가져오지 않을까? 그렇다면 이제부터 실로 거대한 흐름의 변화가 나타날 것이다(앞 그림 참조).

금융 복합기업(핀테크 1.0)의 확립

과거를 돌이켜 보면 '콘드라티예프 순환'을 초래한 커다란 기술 혁신 대부분은 벤처기업으로부터 탄생했다.

예를 들면 제2차 세계대전 후 일본에서 트랜지스터 라디오를 만들어낸 소니, 자동차 배기가스 규제를 해결하는 신형 엔진을 개발한 혼다가 그렇다.

20세기 말부터는 미국에서 마이크로소프트, 애플컴퓨터, 구글, 페이스북 등이 잇달아 탄생해 현재에 이르는 IT 혁명을 견인하고 있다.

이런 기업들에 이어 지금 주목받는 것이 핀테크 벤처의 대두다. 2013년 무렵부터 핀테크의 핵심 기술인 블록체인과 IoT, AI, 빅데이터 등의 기술 개발로 벤처기업이 주역이 되어 새로운 시장을 창출하고 있다.

'핀테크 1.0'에서 '핀테크 2.0'으로의 흐름

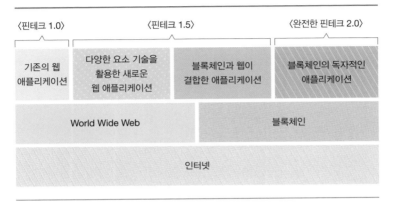

그 결과 금융업계도 외부에서 새로운 서비스 담당자가 등장해 기존 금융이 담당해온 다양한 금융 기능을 분해(Unbundling)하는 움직임이 급속도로 진행되고 있다.

이런 흐름을 감안해 SBI 그룹은 핀테크 진화 과정을 자사의 사업 전개와 관련지어 다음과 같이 3단계로 정의하고 있다(위 그림 참조).

핀테크 1.0

SBI 그룹은 창업 이후 16년간, 인터넷의 폭발적인 보급과 함께 세계에서 가장 독특한 인터넷 금융을 중심으로 증권, 은행, 보험 등을 총망라한 금융 복합기업(핀테크 1.0)을 확립했다(다음 그림 참조).

SBI 그룹의 '핀테크 1.0' = 금융 생태계

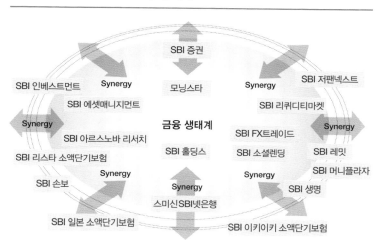

핀테크 1.5

핀테크 1.0으로 완성한 온라인 금융 생태계에서 AI, 빅데이터, IoT, 로보틱스 등 요소 기술을 활용한다. 현재 이 단계에 와 있는 상황이다.

핀테크 2.0

핀테크 2.0의 세계는 핀테크 1.0이나 1.5 세계와는 차원이 다르다. 블록체인이 핵심 기술이 되어 인터넷상에서 가치 교환이 가능해진다. 여기서 Web(하이퍼텍스트 시스템)이 꼭 필요하지는 않다. SBI 그룹은 블록체인을 핵심 기술 삼아 혁신적인 금융 서비스를 제공하는 완전한 블록체인 금융 생태계를 지향한다.

블록체인이란 무엇인가?

블록체인이란 우리말로 '분산원장'이라 불리는 데이터베이스 기술의 일종이다.

비트코인 등 가상화폐(암호자산)에 사용되면서 유명해졌다. 블록체인의 본질은 복수의 컴퓨터가 참여하는 네트워크상에서 대량의 데이터를 안정적이고도 저비용으로 기록·관리할 수 있다는 점에 있다.

여기서 잠깐 블록체인이 어떤 기술인지 가상화폐 거래를 토대로 알아보자.

가상화폐 이용자가 가상화폐를 사용해 쇼핑이나 송금을 하는 경우, 각각의 쇼핑이나 송금에 관한 거래 데이터를 가상화폐 네트워크에 참여하고 있는 컴퓨터에 일제히 송신한다.

네트워크 중에 채굴자(Miners)라 불리는 참여자가 거래 데이터 몇 개를 모아 '블록'이라 불리는 패키지로 만들고 순서대로 이어

나간다. 이처럼 거래 데이터의 '블록'이 순서대로 이어져 나간다는 데서 '블록체인'이라고 불리게 되었다.

각 '블록'에는 일종의 라벨이 붙어 있다. 라벨에는 블록 작성 일자와 같은 정보 외에 해시함수라는 암호 기술로 처리한 3가지 중요한 값이 포함되어 있다.

하나는 블록에 포함되는 거래 데이터 전체를 함수 처리한 값이다. 다음은 바로 직전 블록의 라벨 데이터를 함수 처리한 값이다. 그리고 또 하나는 조금 이해하기 어려울 수 있는데, 이 두 가지 값과 합쳐서 함수 처리하면 처음 열 몇 자리가 모두 0이 되는 '또 하나의 값', 이른바 논스(Nonce) 값이다. 이것은 임의의 숫자를 준비해 모조리 계산해보지 않으면 알 수 없다.

논스값을 발견하는 작업을 가상화폐에서는 '채굴(Mining)'이라 부른다. '비트코인'에서는 한 블록의 데이터양에서 10분 정도 걸린다. 그리고 최초로 논스값을 발견해 블록 작성에 성공한 참여자(채굴자)는 보상으로 일정량의 가상화폐를 받을 수 있는 구조다.

만약 어느 '블록'에 포함된 거래 데이터를 하나라도 나중에 고쳐 쓰면 논스값을 다시 한번 계산해야 한다. 그러면 그다음 '블록'에 포함된 논스값도 바뀐다. 하나의 변경으로 인한 영향이 최신 블록에까지 미치므로 나중에 고쳐 쓰는 것은 거의 불가능하다.

드물지만 거의 동시에 별개의 '블록'이 작성되는 일이 있다. 이때는 한동안 별개의 체인으로 뻗어 나간다. 그러나 일정 시간이 지난 후 가장 길게 연장된 체인과 거기에 이어진 블록이 올바른 데이터로 인정되는 규칙이 정해져 있다.

이처럼 블록체인은 기본적으로 다수의 컴퓨터가 연결된 분산형 네트워크를 기본으로 한다. 따라서 기존처럼 데이터를 수집 관리하는 특정 관리자나 중앙의 대규모 서버를 필요로 하지 않아 저비용 운용이 가능하다.

또 블록 하나하나를 작성해 이어 나가는 데 다소 시간이 걸리는 반면 부정한 변경과 위조가 어려워 데이터베이스로서 안정되어 있다고 여겨진다.

가상화폐(암호자산) 문제는 왜 발생했나?

이처럼 블록체인 자체는 나중에 고쳐 쓰기가 어려워 데이터베이스로서 안정적이다. 그런데 가상화폐와 관련해 이제까지 몇 번이나 부정 접근으로 거액의 가상화폐가 도난당하는 문제가 발생하고 있다. 왜 이런 문제가 발생하는 것일까?

모든 사례에 대해 단정 내릴 수는 없겠지만, 가상화폐를 둘러싼 대부분의 문제는 블록체인이라는 데이터베이스 기술의 문제가 아니라 사실 가상화폐 거래소의 보안 문제로 생각된다.

가상화폐 거래소란 가상화폐를 쉽게 사고팔 수 있게 민간 기업이 제공하는 중개 서비스다.

어떤 가상화폐 거래소에 계좌를 개설하면 해당 거래소에 계좌를 개설한 사람이나 거래소를 개설한 기업 사이에 가상화폐를 사고팔 수 있다. 가상화폐별 매매 주문 수가 같다면 거래소 내부만으로도 거래가 완료된다.

문제는 거래소 내부만으로 거래가 완료되지 않는 경우다. 이때는 각 가상화폐의 개방형 네트워크에 접속한 다음 블록체인을 사용해 거래할 필요가 있다.

이야기가 되돌아왔는데, 가상화폐의 개방형 네트워크에서 거래 데이터를 주고받을 때는 데이터 조작을 방지하기 위해 전자서명이라 불리는 방법을 사용한다.

비트코인의 경우 전자서명의 핵심은 비밀키와 공개키 2가지를 사용한다는 데 있다. 비밀키와 공개키는 2개를 세트로 사용함으로써 데이터의 암호화와 복호화가 가능하다. 가상화폐 데이터를 송신하는 경우 비밀키로 암호화된 데이터는 공개키를 사용하면 복호화할 수 있다. 그래서 거래 데이터를 먼저 비밀키로 암호화하고 공개키를 함께 붙여 송신한다. 수신자가 공개키를 사용해 암호화된 데이터를 복호화할 수 있다면, 원본 거래 내역을 확인할 수 있으면서 송신자가 본인이라는 점도 확인할 수 있는 셈이다.

이 비밀키를 쉽게 관리할 수 있게 하는 것이 일반적으로 '월렛(지갑)'이라 불리는 소프트웨어다. '월렛'으로 관리하는 비밀키가 도난당하면 가상화폐가 멋대로 송금되기도 한다.

가상화폐 거래소에서 발생한 대부분의 문제는 가상화폐 거래소를 운영하는 기업이 '월렛'을 적절히 관리하지 못해 비밀키가 도난당한 것이 원인이라고 생각된다.

즉 가상화폐 거래에서는 '월렛'의 비밀키 관리가 매우 중요하다. 월렛의 보안 대책에 관해서는 전 세계 벤처기업 등에서 여러 가지 기법이 개발되고 있다. 뒤에서 언급하겠지만 SBI 그룹에서도 다양한 대응책을 진행하고 있다.

성장 가능성 높은 블록체인

블록체인이 곧 가상화폐라는 이미지가 강한 것 같다. 다만 애초에 블록체인은 분산형 데이터베이스 기술의 일종이다.

기존의 데이터베이스는 기본적으로 중앙의 대규모 서버에 데이터를 모아 일원적으로 관리하고 업데이트하는 것을 전제로 한다. 반면에 블록체인은 복수의 서버에 데이터를 분산해서 기록·관리할 수 있어 비용이 저렴해지며 안정성도 높아진다. 이 점이 최대 특징이다.

가상화폐에서 블록체인을 사용하는 경우, 불특정 다수의 참여자가 자유롭게 드나들 수 있는 개방형 네트워크를 전제로 할 필요가 있다. 블록체인의 유형으로는 특정의 한정된 멤버만 참여할 수 있는 폐쇄형과 복수의 멤버 사이에서만 이용할 수 있는 컨소시엄형도 있다.

블록체인의 가능성은 오히려 폐쇄형 혹은 컨소시엄형에서 크게 확대할 것으로 생각된다.

그 증거로 선진국을 포함해 많은 국가의 중앙은행이 최근 블록체인을 사용한 통화 시스템 연구를 시작하고 있다. 민간에서도 SBI 그룹을 비롯해 컨소시엄형으로 일본 내 은행 간 혹은 해외로 송금하는 프로젝트가 진행되어 이미 일정 성과가 나오기 시작했다.

블록체인을 이용해 프로그램을 자동으로 운용하는 '스마트 계약(Smart Contracts)'과 같은 기법의 연구와 실전 운용도 진행 중이다.

기술 진화를 신속히 도입해
사업 확대를 도모하다

현재 SBI 그룹은 블록체인을 핵심 기술로 하는 '핀테크 2.0'을 지향한다. '투자', '도입', '확산'이라는 기본 프로세스를 통해 지속적인 사업 확대 및 사회 변혁을 추진하고 있다(다음 그림 참조).

첫째인 '투자' 단계에서는 유망 벤처기업 등에 투자한다. 구체적으로는 SBI 홀딩스·SBI 인베스트먼트 중심의 사모 투자 사업에 대한 집중 투자 전략이다. 2015년 12월에 업계에서 선구적으로 설립한 '핀테크 펀드' 등을 통해 이미 67사의 벤처기업에 출자했다. 투자 사업에서는 자본뿐만 아니라 지식·전략 면에서의 지원 등 벤처기업의 인큐베이션도 진행한다. 2018년에는 AI 및 블록체인 분야를 주요 투자 대상으로 하는 'SBI AI&Blockchain 펀드(통칭 SBI A&B 펀드)'도 설립했다. 설립한 모든 펀드는 다양한 외부 금융 기관으로부터 출자를 받았다. 이런 신기술을 키워야 한다는 풍조가 일본에서도 점차 나타나지 않았나 싶다.

둘째인 '도입' 단계에서는 SBI 그룹 내에서 다양한 기술의 적응 가능성에 관해 평가·활용한다. 특히 금융 서비스 사업의 경우 '핀테크 1.5'에서는 기존 금융 생태계를 활용하면서 웹 기반 블록체인 활용을 시작했다. 나아가 '핀테크 2.0'에서는 블록체인의

'핀테크 2.0'을 지향하는 SBI 그룹의 기본 프로세스

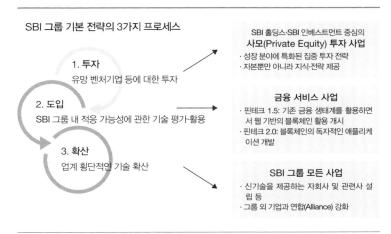

SBI 그룹 기본 전략의 3가지 프로세스

1. 투자
유망 벤처기업 등에 대한 투자

2. 도입
SBI 그룹 내 적응 가능성에 관한 기술 평가·활용

3. 확산
업계 횡단적인 기술 확산

SBI 홀딩스·SBI 인베스트먼트 중심의
사모(Private Equity) 투자 사업
· 성장 분야에 특화된 집중 투자 전략
· 자본뿐만 아니라 지식·전략 제공

금융 서비스 사업
· 핀테크 1.5: 기존 금융 생태계를 활용하면
서 웹 기반의 블록체인 활용 개시
· 핀테크 2.0: 블록체인의 독자적인 애플리케
이션 개발

SBI 그룹 모든 사업
· 신기술을 제공하는 자회사 및 관련사 설
립 등
· 그룹 외 기업과 연합(Alliance) 강화

독자적인 애플리케이션상에서 금융 서비스가 제공될 것이다.

셋째인 '확산' 단계에서는 SBI 그룹의 모든 사업에서 업계 횡
단적인 기술 확산을 도모한다. 예를 들면 SBI NEO FINANCIAL
SERVICES(SBI 네오파이낸셜서비즈)라는 전문 회사를 새롭게 설립해
투자처인 핀테크 관련 벤처기업의 기술을 산하에 집약했다. SBI
네오파이낸셜서비즈는 지역 금융 기관을 비롯한 그룹 외 기업
과 연합을 통해 벤처기업의 기술을 확산시키고 있다.

오픈 이노베이션으로서의
API 경제

'핀테크 2.0'을 지향하는 데는 그룹 내에서의 시너지 효과뿐만 아니라 SBI 그룹 외 기업과 제휴를 통한 '네트워크 가치'의 확대가 관건이다.

이렇게 해야 비로소 고객 편의성이 높은 정보·재화·서비스를 복합적으로 그룹 내외의 고객에게 제공하는 것이 가능해지며 부가가치를 창조할 수 있다.

이는 최근 주목받고 있는 '오픈 이노베이션'이라는 개념과 일맥상통한다.

글로벌화와 IT화가 진행되면서 소비자의 니즈는 다양화하고 제품과 서비스의 생명주기는 점차 짧아지고 있다. 새로운 고객 가치를 만들어내는 '이노베이션'의 중요성이 높아지는 한편, 어떻게 이노베이션을 창출할지가 이슈가 되고 있다. 이노베이션을 만들어내는 수단은 다양하지만, 변화가 극심한 경쟁 환경 속에서 자사의 자원만 가지고 이노베이션을 일으키는 일은 점점 어려워지고 있다.

그래서 자사뿐만 아니라 폭넓은 자원을 활용해 이노베이션을 만들어내는 '오픈 이노베이션'이 주목받고 있다. 이제는 이노베이선이라고 하면 '오픈 이노베이션'을 가리킨다 해도 과언이 아닐 것이다.

SBI 그룹 차원에서 이런 흐름을 선도한 사례는 스미신SBI넷은행의 API 대응이다.

API(Application Programming Interface, 응용 프로그래밍 인터페이스)란 소프트웨어 기능 혹은 관리 데이터 등을 외부의 다른 프로그램에서 호출해 이용하기 위한 사양을 뜻한다. API는 은행과 핀테크 벤처를 연결해 고객 맞춤형 서비스를 창출하는 중요한 수단이다.

현재 스미신SBI넷은행에서는 300가지 이상의 은행 서비스 API를 개방하고 있다. 실제로 회계 및 자산 관리·자산 운용 분야의 기술 개발 벤처 등 여러 기업과 API 연동을 개시했다.

API 연동을 통한 새로운 서비스가 스미신SBI넷은행으로 신규 고객이 유입되는 계기가 되기도 한다. 이는 스미신SBI넷은행의 경쟁 우위성을 한층 더 향상하는 데 기여한다.

새로운 2가지
금융 생태계 구상을 위한 도전

SBI 그룹은 현재 대규모의 오픈 이노베이션을 활용하는 형태로 새로운 2가지 금융 생태계 구축에 도전하고 있다.

하나는 앞서 언급한 SBI 네오파이낸셜서비시즈를 중심으로 진행하고 있는 지역 금융 기관으로 신기술 도입·확산을 추진하는 생태계다. 지역 금융 기관과의 제휴 강화를 통해 지방창생(地方創生, 일본 정부의 캐치프레이즈 중 하나로 지방 살리기, 지방 활성화라는 의미-옮긴이)에 이바지함과 동시에 당사 그룹의 지방 영업 기반을 확대해 나간다.

다른 하나는 디지털 자산을 기반으로 하는 새로운 생태계의 구축이다. 이 생태계에서는 기존 금융 생태계가 보유한 노하우 등과 더불어 가상화폐(암호자산)나 블록체인을 이용해 고객 만족도가 높은 디지털 자산 금융 서비스를 제공해 나간다.

SBI 그룹의 고객 기반은 현재 2,520만 건을 넘는다. 이를 기반 삼아 새로운 사회 문제 해결을 위한 기술 혁신을 고려해, 현재 기존 금융 생태계와 이 2가지 생태계를 유기적으로 결합하려는 시도를 진행하고 있다(다음 그림 참조).

SBI 그룹은 지금 기업 생태계가 한층 더 발전하는 것을 목표로 새로운 단계를 맞이하고 있다.

기존 생태계와 새로운 생태계의 시너지

기존 생태계와 새로운 2가지 생태계가 유기적으로 결합해 단독 기업으로 이룰 수 없는 시너지를 창출

자산 매니지먼트 사업

바이오 관련 사업

Synergy

SBI 그룹
그룹 고객 기반:
약 2,520만 건

Synergy

Synergy

금융 서비스 사업

기존 금융 생태계가 보유한
노하우 등을 통해 고객 만족도
높은 가상화폐 서비스를 제공

Synergy   Synergy

SBI 네오파이낸셜서비시즈
신기술 도입·확산을 추진하는
새로운 생태계

SBI 디지털에셋홀딩스
디지털 자산을 기반으로 하는
새로운 생태계

거래소 헤지펀드 파이낸스 채굴

관련 정보·신용등급 파생 상품 결제·송금

지역 금융 기관과 제휴해
지방창생 추진

우리는 최근 지역 금융 기관에 SBI 그룹이 가진 핀테크 노하우·전문 지식(Expertise)을 제공함으로써 이 금융 기관들의 활성화를 촉진하고 나아가 지방창생에 일조하고자 매진하고 있다.

현재 유지되고 있는 일본은행의 마이너스 금리 정책, 핀테크

에 의한 금융 이노베이션의 진전, 고령화·인구 감소 사회의 도래 등 지역 금융 기관은 지금 단기·중기·장기적인 관점에서 모두 어려운 상황에 놓여 있다.

지방 쇠퇴가 진행되면 틀림없이 일본 경제 전체의 지반 침하로 이어질 것이다. 그래서 우리는 지역 금융 기관의 활성화에 기여하고, 지역 주민의 착실한 자산 형성을 도와주며, 지역 산업에도 활기를 불어넣는 금융 기관·주민·산업 간 선순환을 만들어내는 데 이바지하고자 한다.

지역 금융 기관의 상품력과 자산 운용력, 업무 효율이 높아진다면 해당 기관에서 서비스를 받는 지역 주민들의 착실한 자산 형성이 실현되고 소비도 확대될 것이다. 이를 통한 지역 산업의 수익력 향상, 일자리와 자금 수요 확대와 같은 큰 그림을 그리고 있다.

이미 진행 중인 시책 중 하나로 주식과 각종 채권을 비롯해 2,700개 이상의 투자신탁 등을 취급하고 있는 SBI 증권과 지역 금융 기관의 금융 상품 중개업 등 서비스에서의 제휴가 있다.

2019년 5월 20일 시점으로 지역 금융 기관 34사와 제휴가 결정되었다. 최근 지역 금융 기관에서도 고객 서비스의 폭을 확대하기 위해 증권 사업 진출이 잇따르고 있는데, 상품력 부족 등이 커다란 걸림돌이다.

SBI 증권과의 제휴는 이 문제를 상당 부분 해소한다. 또 SBI 증권은 금융법인부를 통해 지역 금융 기관의 운용 실적 향상에 이바지하는 상품 제공에도 주력하고 있다.

이처럼 지역 금융 기관과 제휴하는 과정에서 SBI 머니플라자의 공동 점포 운영이라는 새로운 흐름도 만들어졌다.

1호 공동 점포는 시즈오카 현의 시미즈 은행이다. 2017년 10월 하마마쓰히가시 지점 내에 SBI 머니플라자와 공동 점포를 병설해 지방 고객에게 증권 관련 상품과 보험 등 폭넓은 금융 상품의 제안·제공을 시작했다. 이 공동 점포 덕분에 예치 자산이 매우 크게 증가했다. 다른 지역 금융 기관으로부터 문의도 늘어 이제 총 6개 은행과의 공동 점포가 개설되어 있다. 덧붙여 SBI 머니플라자에서는 지역 금융 기관의 거래처 기업과 개인 부유층 고객 대상의 상품 제공도 강화하고 있다.

이 밖에 지역 금융 기관과 SBI 그룹의 공동 출자로 자산 운용사 'SBI 지방창생 에셋매니지먼트'를 신설했다. 2019년 3월 말 시점으로 35개 은행이 주주로 참여한 상태다. SBI 지방창생 에셋매니지먼트에는 SBI 그룹의 자산 운용 노하우와 글로벌 네트워크를 통해 얻을 수 있는 펀드 정보, 투자 교육·판매 지원 도구 등의 자원을 투입해 고객 예치 자산 운용과 자기 자금 운용 양면으로 지역 금융 기관을 지원한다. 해당 금융 기관의 자산 운용 분야 인재 육성 등에도 기여해 나갈 예정이다.

SBI 그룹 각 금융 사업체 통한 지역 금융 기관 활성화 대책

지금까지 설명한 활동을 다시 정리해보겠다. SBI 그룹은 기존 금융 사업의 상품과 서비스를 포함한 경영 자원 활용을 통해 지역 금융 기관과의 관계성을 강화하고, 해당 기업의 가치 향상에 이바지하는 것을 목표로 해왔다.

주요 활동은 다음과 같다.

(1) SBI 증권

SBI 증권에서는 지방 고객의 자산 형성 니즈에 부응하기 위해 총 34사의 지역 금융 기관에 금융 상품 중개 서비스를 제공한다.

SBI 증권이 보유한 고객 편의성 높은 다양한 금융 상품과 온라인 서비스 제공을 통해 지역 금융 기관은 고객 개개인의 자산 형성을 지원할 수 있다.

또 SBI 증권의 금융법인부를 통해 총 265사(2019년 3월 말 시점)의 고객 금융 기관을 위해 주식과 채권, 투자신탁 등 다양한 금융 상품을 소개하고 있다(다음 그림 참조).

(2) SBI 머니플라자

SBI 머니플라자에서는 지역 금융 기관과 공동 점포를 전개하고 있다. 공동 운영 점포에서는 SBI 머니플라자가 취급하는 증권 관련 상품과 보험 등 다양한 금융 상품을 지방 고객에 대해 원스톱으로 제안·제공한다. 지금까지 시미즈 은행, 치쿠호우 은행, 센다이 은행, 에히메 은행, 미에 은행, 토와 은행과 공동 점포를 개설했다. 이 공동 점포에서는 계좌 수·예치 자산이 순조롭게 확대되고 있으며 수익도 증가하는 상황이다(다음 그림 참조).

SBI 머니플라자에서는 57개 지역 금융 기관과의 업무 제휴를 통해 법인 및 개인 부유층을 대상으로 운용리스, 보험 상품, 부동산 소액 신탁 수익권 등의 상품도 제공한다.

(3) SBI 손보

SBI 손보의 보험 상품도 지역 금융 기관에 도입되어 있다. 이는 지역 금융 기관 입장에서 편의성 높은 SBI 손보의 보험 상품을 취급함으로써 지역 고객 기반을 개척하고자 하는 목적 때문이다.

오카자키 신용금고, 타이코 은행과 이온 은행 등 금융 법인은

SBI 증권의 지역 금융 기관 거래액 추이

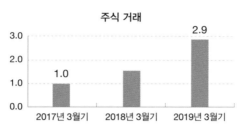

※2017년 3월기 거래액을 1로 놓고 지수화

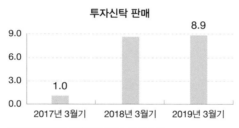

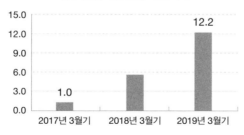

※2017년 3월기 거래액을 1로 놓고 지수화

SBI 머니플라자와 제휴 지방 은행의 공동 운영 점포 예치 자산과 계좌 수 추이

시미즈 은행 (2017년 10월 개설)

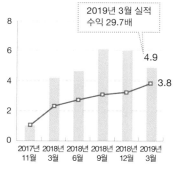

2019년 3월 실적
수익 29.7배

4.9
3.8

2017년 11월   2018년 3월   2018년 6월   2018년 9월   2018년 12월   2019년 3월

※2017년 11월의 값을 1로 놓고 지수화

치쿠호 은행 (2018년 6월 개설)

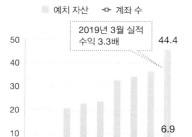

2019년 3월 실적
수익 3.3배

44.4

6.9

2018년 7월   2018년 9월   2018년 11월   2019년 1월   2019년 3월

※2018년 7월의 값을 1로 놓고 지수화

센다이 은행 (2018년 11월 개설)

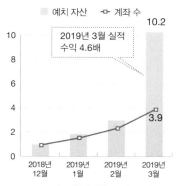

10.2

2019년 3월 실적
수익 4.6배

3.9

2018년 12월   2019년 1월   2019년 2월   2019년 3월

※2018년 12월의 값을 1로 놓고 지수화

에히메 은행 (2018년 12월 개설)

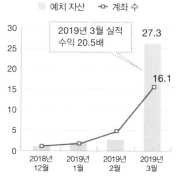

2019년 3월 실적
수익 20.5배

27.3

16.1

2018년 12월   2019년 1월   2019년 2월   2019년 3월

※2018년 12월의 값을 1로 놓고 지수화

물론 HTB 에너지와 시코쿠 전력 등 사업 법인과의 제휴도 순조롭게 확대되었다. 그 결과 금융 법인 12사를 포함해 37사가 SBI 손보의 보험 상품 채택을 결정 및 내정했으며 순차적으로 취급을 개시하고 있다.

(4) SBI 생명

SBI 생명의 단체신용생명보험(단신) 도입은 11개 지역 금융 기관 등에서 순조롭게 진행되고 있다. 추가적으로 채택하기로 정한 5사를 포함해 열몇 곳의 지역 금융 기관 등에서 채택을 검토하고 있으며 앞으로도 늘어갈 예정이다.

그 결과 2018년 9월 말 대비 2019년 3월 말 시점에 지역 금융 기관 고객의 단신 누계 신청 건수는 약 20배로 급증했다.

(5) 모닝스타

모닝스타는 지방 투자자들에게 더 좋은 제안을 위한 도구로 태블릿용 앱 '투자신탁 INDEX'를 지역 금융 기관에 제공한다.

현재 지역 금융 기관 60사를 포함한 총 257사에 제공이 완료되었으며 누계 제공 대수는 7만 3,000대를 넘었다.

모닝스타는 태블릿 앱을 더욱 진화시킨 '웰스 어드바이저(Wealth Advisers)'도 출시했다. 신탁 콘텐츠에 보험, 상속, 생애 설계 콘텐츠를 추가해 금융 기관과 '운용사+보험사'를 연결하는 플랫포머를 지향한다.

(6) SBI 에셋매니지먼트

SBI 에셋매니지먼트에서는 기업 가치 향상이 예상되는 지역 금융 기관에 투자하는 'SBI 지역은행 가치창조 펀드'를 설정했다.

적격 기관 투자자를 권유 대상으로 하는 사모 투자신탁이다. 출자의 경우 현금 출자는 물론 투자 대상인 지방 은행 주식의 현물 출자도 가능하다.

투자처 금융 기관에는 SBI 그룹에 의한 핀테크 도입·지원 등을 통해 기업 가치가 더욱더 향상되도록 지원한다.

이 펀드를 활용함으로써 지역 금융 기관의 주식 상호 보유 문제를 해결할 수 있다. 또 지역 금융 기관의 거버넌스 강화와 자본의 효율적인 활용도 예상된다.

(7) SBI 지방창생 에셋매니지먼트

지역 금융 기관과 공동 출자로 설립한 자산 운용사 'SBI 지방창생 에셋매니지먼트'의 출자 참여사는 35개 회사에 달한다.

SBI 지방창생 에셋매니지먼트는 출자원인 지역 금융 기관에 고객 예치 자산 운용과 자기 자금 운용의 양면을 지원한다. 각사의 운용 실무를 담당할 인재 육성도 지원한다.

테크놀로지를 활용한 지역 금융 기관의 비즈니스모델 재구축

현재는 SBI 네오파이낸셜서비스즈를 통해 핀테크를 활용한 지역 금융 기관의 비즈니스모델 재구축과 지역을 초월한 지역 금융 기관의 일본 전국 전개를 위한 지원에 나서고 있다.

또 SBI 인베스트먼트의 투자처 핀테크 관련 벤처기업의 소개와 도입을 지원하고 지역 금융 기관의 업무 효율화를 지원한다.

몇 가지 사례를 소개한다.

(1) 주택·부동산 대출의 신청 접수·심사·대출까지 대부분을 자동화

SBI 그룹의 투자처 벤처기업인 미국 렌딩홈(LendingHome)의 기술을 도입해 주택·부동산 대출의 신청 접수·심사·대출까지 대부분을 자동화함으로써 업무 효율화를 도모한다(다음 그림 참조).

(2) 메신저 서비스상에서 매끄러운 결제 기능을 가능하게

SBI 그룹의 투자처 벤처기업인 이스라엘의 Decentralized

렌딩홈의 온라인 플랫폼 이미지

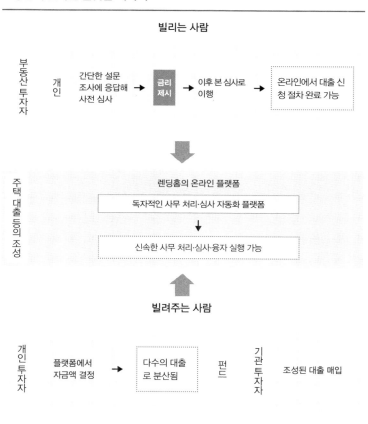

Mobile Applications(디센트럴라이즈드 모바일 애플리케이션즈)는 키보드 앱을 이용해 메신저 서비스 플랫폼상에서 매끄러운 결제 기능을 가능하게 하는 앱 'PayKey(페이키)'를 제공한다.

밀레니얼 세대가 매일 사용하는 각종 메신저 서비스상에서 24시간 이용 가능한 모바일 뱅킹의 간편 송금 기능을 제공한다. 호주의 4대 시중은행 중 하나인 웨스트팩(Westpac) 은행과 터키의 대형 은행인 가란티(Garanti) 은행 등이 이미 도입했다.

SBI 그룹은 디센트럴라이즈드 모바일 애플리케이션즈와 합작회사인 'SBI Paykey Asia'를 설립해 일본 내 금융 기관을 대상으로 'PayKey' 도입을 추진하고 있다. 또 일본 내 마케팅을 기반으로 아시아 전역의 전개를 예정하고 있다.

(3) 고객 본위 플랫폼으로 금융 포트폴리오 최적화

핀테크 펀드의 투자처인 스위스 wefox Group(위폭스그룹)의 FinanceAPP(파이낸스앱)은 보험 중개인을 대상으로 보험 플랫폼 'wefox'를 제공하는 인슈어테크 기업이다.

'wefox' 플랫폼상에서 모든 보험 상품을 관리해 고객의 보험 포트폴리오를 구축할 수 있는 환경을 제공한다. SBI 그룹은 파이낸스앱과 합작회사인 'SBI wefox Asia(SBI 위폭스 아시아)'를 설립해 동아시아·동남아시아를 중심으로 이 기술을 제공할 예정이다.

구체적으로는 고객 경험을 평가축으로 구성한 독자적인 보험 추천(Scoring) 모델을 활용해 AI가 보험 포트폴리오를 자동 분석한다. 고객 금융 자산 전체의 구조를 재편성(Portfolio Rebalancing)

SBI 위폭스 아시아의 서비스 이미지

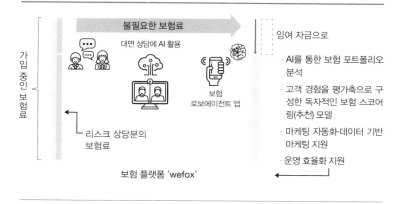

하는 관점에서 과잉 보험을 재검토한다. 또 보험을 재검토함으로써 발생한 잉여 자금은 예적금·투자에 재배분하도록 최적화를 제안한다.

(4) 지역 금융 기관에서의 새로운 테크놀로지 활용

중국 최대 민간 금융 기관인 핑안(平安)보험그룹은 보험·은행·투자 등의 분야에서 다양하고 선진적인 금융 서비스를 제공한다. 핑안그룹의 자회사이자 SBI 그룹의 투자처이기도 한 홍콩에 법인을 둔 OneConnect(원커넥트)는 중국 3,000사 이상의 금융 기관에 프론트부터 백오피스 업무까지 커버하는 핀테크 솔루션을 제공한다.

SBI 그룹은 'SBI OneConnect Japan(SBI 원커넥트 저팬)'을 설립해 일본의 지역 금융 기관을 대상으로 원커넥트의 서비스 도입을 추진하고 있다.

또 핑안그룹이 보유한 중국 내 네트워크를 활용해 지역 금융 기관의 중국 진출을 지원하는 체제도 정비했다.

(5) 핀테크 벤처기업의 서비스·시스템을 패키지화해 API로 제공

핀테크 벤처기업의 서비스와 시스템을 패키지화해 API 접속으로 지역 금융 기관의 도입 비용 최소화를 도모하고자 '핀테크 플랫폼'이라 명명한 신규 서비스를 개시했다.

핀테크 서비스 도입 지원을 위해 설립한 'SBI FinTech Incubation(SBI 핀테크 인큐베이션)'이 핀테크 플랫폼 운영을 담당한다. SBI 핀테크 인큐베이션에는 SBI 홀딩스 외에 지역 금융 기관과 밀접한 관계를 맺고 있는 시스템 벤더인 일본 IBM과 소프트뱅크, 돗판인쇄가 출자해 제휴하고 있다. 이미 5사에서 플랫폼을 도입했고 그 외 6사에서도 도입을 준비 중이다(다음 그림 참조).

(6) RPA로 지역 금융 기관의 업무 효율화 지원

SBI AI&Blockchain 펀드의 투자처인 싱가포르 회사

'핀테크 플랫폼' 이미지

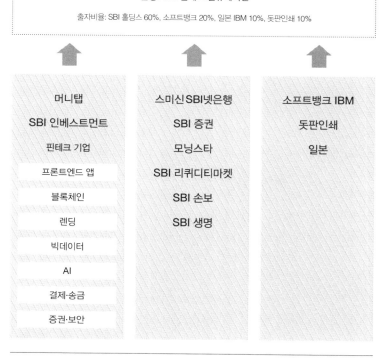

AntWorks(앤트웍스)와 함께 RPA(Robotic Process Automation, 로봇 프로세스 자동화)를 활용한 업무 처리 자동화 플랫폼을 제공한다.

앤트웍스의 AI 기술로 기업 내 서류의 90%를 차지하는 비표준 서식, 즉 형식이 통일되어 있지 않은 서류 데이터의 해독도 가능하다.

이미 앤트웍스는 대형 컨설팅 기업부터 인도의 대형 지방 은행, 보험사 등의 금융 기관까지 다양한 업계의 고객에게 자사 솔루션을 제공하고 있다.

우리는 동아시아, 동남아시아를 사업 대상으로 하는 합작회사 'SBI Antworks Asia(SBI 앤트웍스 아시아)'를 통해 일본 국내외 금융 기관과 사업 회사에 앤트웍스의 서비스 도입을 추진하고 있다.

(7) 지역 산업 활성화 지원

SBI 그룹의 투자처인 핀테크 벤처 등이 보유한 기술과 서비스를 중소기업에 제공해 지역 산업의 활성화에도 이바지하고자 한다. 예를 들면 지방 사업자가 초기 비용과 월 사용료 없이 쉽게 인터넷 매장을 개설할 수 있는 플랫폼(전자상거래 사이트)을 제공하는 벤처기업이나, 지방의 다양한 중소기업 대상 사업 승계 서비스를 제공하는 벤처기업 등 우리 투자처는 다양하다. 투자처 벤처기업 및 펀드에 출자한 투자자와 오픈 이노베이션을 추진하고 있다.

(8) 중소기업 경영자의 사업 승계 지원

오늘날 일본 사회에서 중소기업의 사업 승계 문제는 심각한 사회 문제다. 그래서 SBI 그룹에서는 2018년 7월 SBI 증권 내에 지방사업승계실을 만들어, 일본 전국의 사업 승계 문제에 대해 전문적인 고품질 서비스를 제공하고 있다. 2018년 12월에는 M&A 플랫폼을 운영하는 주식회사 트랜비와 SBI 증권이 업무 제휴를 맺고 사업 승계·M&A 지원 서비스 제공을 개시했다.

또 SBI 지역사업승계투자 주식회사를 새로 설립해 일본 전국의 중견·중소기업을 대상으로 사업 승계를 지원하고 있다. 일본 전국을 커버함으로써 지역을 초월한 업계 재편과 가치사슬상의 수직 통합 등을 통한 성장 지원, SBI 그룹의 투자처·거래처 기업이 제공하는 첨단 기술과 노하우를 활용해 기업 가치 향상에 힘쓰고자 한다.

'디지털 자산을
기반으로 하는 생태계' 구축

오늘날 사회적으로도 크게 주목받고 있는 가상화폐(암호자산)를 포함한 디지털 자산에 관해서도 SBI 그룹은 일찍부터 대응해 왔다.

먼저 2016년에는 가상화폐 분야에서 비트코인, 이더리움 다음가는 시가총액을 자랑하는 XRP의 개발을 주도한 미국 회사 Ripple Labs Inc.(리플)에 10% 정도 출자했다. 또 리플과 공동으로 SBI Ripple Asia(SBI 리플 아시아, SBI 홀딩스 출자 비율 60%)를 설립해 DLT 기술(분산원장기술)의 활용과 확산에 노력해왔다.

구체적으로는 메가뱅크와 지역 금융 기관이 참여하는 '내외환거래 일원화 컨소시엄(본 컨소시엄 참여 금융 기관의 예금액 총액은 일본 내 총 예금액의 약 80%를 차지)'을 주도했다. 블록체인·DLT 등의 신기술을 활용해 내국환과 외국환을 일원화하고 24시간 실시간 송금을 가능하게 하는 인프라 구축을 진행해왔다.

대표적인 성과 중 하나로 2018년 10월 스마트폰을 활용한 은행 간 송금 앱인 'Money Tap(머니탭)' 운용을 개시했다. 그 후 이 컨소시엄은 참여 금융 기관 대다수의 찬성하에 발전적으로 해체했다. 그 대신 컨소시엄의 역할을 계승하고 블록체인을 활용한 차세대 금융 인프라 및 머니탭을 비롯한 혁신적인 서비스를 제공하고자 2019년 3월 머니탭 주식회사를 설립했다. 에히메 은행, 키라보시 은행, 케이요 은행, 산인고도 은행, 시가 은행, 시미즈 은행, 신세이 은행, 스미신SBI넷은행, 스루가 은행, 세븐은행, 히로시마 은행, 후쿠이 은행, 호쿠리쿠 은행의 총 13개 은행(2019년 3월 말 시점)이 머니탭 주식회사의 주주로서 자본 참여하고 있다. 추가적으로 많은 금융 기관이 참여를 긍정적으로 검토하고 있다. 앞으로 더 많은 금융 기관이 참여해 새로운 은행 경험·금융 경험을 제공하게 될 것이다. 2019년 4월 나는 미국 리플의 임원으로 취임했다. 일본 및 아시아 금융 기관에서 블록체인과 각종 디지털 자산의 활용을 한층 더 추진하고자 한다.

한발 더 나아가 우리는 일본 최초로 가상화폐를 포함한 디지털 화폐 발행용 오픈 플랫폼 'S코인 플랫폼'을 개발했다. S코인 플랫폼은 향후 미국 R3가 주체가 되어 개발 중인 DLT 플랫폼 'Corda(코다)'를 사용해 업그레이드될 예정이다. R3가 주도하는 컨소시엄에는 세계 각국의 중앙은행과 규제 기관을 포함한 각종 업계에서 모인 300개 이상의 단체가 참여하고 있다. 금융(신디케이트 론, 무역 금융, 보험), 부동산, 공급망 등 폭넓은 사업 분야의 DLT 활용을 위한 프로젝트를 추진하고 있다. R3의 외부 최대주주인 SBI 그룹은 일본 내 코다 라이선스 제공 및 도입 지원 등을 목적으로 합작회사 SBI R3 Japan을 설립했다.

한편 디지털 자산 관련 기업의 중간지주회사인 SBI 디지털에 셋홀딩스 산하에 가상화폐(암호자산)를 채굴하는 SBI Crypto(SBI 크 립토), 가상화폐 거래소 SBI Virtual Currencies(SBI 버추얼커런시즈, 현 SBI VC Trade), 디지털 자산 관련 벤처기업에 투자하는 SBI Crypto Investment(SBI 크립토인베스트먼트) 등 디지털 자산 관련 기업을 집 약해 생태계를 구축했다. 또 SBI 홀딩스, SBI 인베스트먼트, SBI Crypto Investment(SBI 크립토인베스트먼트)가 고도의 기술력을 보유 한 벤처기업에 출자함으로써 생태계를 더욱 강화해 나가고 있다.

이와 동시에 디지털 자산을 기반으로 하는 이 생태계와 기존 금융 생태계의 시너지를 철저하게 추구해 철저한 '고객 중심주 의'와 한층 더 확대된 고객 기반을 추진한다.

2018년 6월부터 SBI 버추얼커런시즈(현 SBI VC Trade)는 2만 명 이 넘는 계좌 개설 선행 예약자를 대상으로 가상화폐 현물 거래 서비스(VCTRADE)를 개시했다. 2018년 7월에는 일반 신규 계좌 개설 접수를 개시했다. 업계 최저 수준의 스프레드(FX거래에서 매수 가와 매도가 사이의 가격)는 물론 SBI 저팬넥스트 증권의 PTS(Proprietary Trading System, 사설거래소)는 운용 실적이 있는 미국의 대형 증권거 래소 나스닥의 거래 시스템(매칭 엔진)을 이용해 세계 최고 수준의 거래 환경을 제공한다.

　　현재는 보안과 향후 예상되는 법 개정에 의한 각종 규제를 고려해 신중하게 진행하고 있다. 기존의 압도적인 고객 기반을 보유한 SBI 그룹이 가상화폐 교환업을 본격적으로 개시한다면 단기간에 업계 1위로 도약할 수 있다고 생각된다.

　　물론 이런 디지털 자산 사업에서도 수수료를 최소화하는 등 '고객 중심주의'를 관철한다.

　　가상화폐 거래에서 가장 중요한 것은 월렛 등에 대한 보안 확보라고 본다. 그래서 외부 벤처기업이 제공하는 선진적인 기술을 발굴·채택할 뿐만 아니라 세콤트러스트시스템즈 등과도 제휴하고 있다. 2018년 10월에는 종합 사이버 보안 솔루션을 독자적으로 개발하고 외부 판매사업도 하는 SBI 시큐리티솔루션즈를 설립했다.

　　그런 가운데 출자·제휴한 대만의 CoolBitX(쿨비트엑스), 덴마크의 Sepior(세피어), 한국의 Everspin(에버스핀) 등이 보유한 유망 보안 기술을 도입했다. 이로써 보안 면에서도 '고객 중심주의'를 관철하고 암호자산 거래의 보안 고도화를 한층 더 추진하고 있다. 참고로 에버스핀과의 합작회사 'SBI EVERSPIN' 설립이 완료되었으며, 향후 전 세계에 에버스핀의 동적 보안 솔루션을 제공할 것이다.

'가상화폐(암호자산)'의
현 상황에 대한 입장

가상화폐(암호자산)의 현 상황에 대한 SBI 그룹의 입장은 다음과 같다.

선견성을 갖고 속도감 있게 사업을 전개하는 것도 중요하지만, 명심해야 할 것은 올바른 윤리적 가치관을 지니고 사업에 임하는 것이다.

가상화폐와 그 핵심 기술인 블록체인 자체는 커다란 가능성을 내포하고 있고, 그것이야말로 기존 금융업을 근저에서부터 바꿔버릴지도 모른다.

전 세계의 컴퓨터가 연결되는 인터넷은 Web(하이퍼텍스트 시스템)과 이메일을 통해 개인 간의 직접적인 정보 교환을 가능하게 했다.

한편 인터넷상에서 블록체인은 개인 간의 직접적인 가치 교환을 가능하게 한다. 가치 교환의 경우 국가가 제어하는 통화 제도가 대표적이다. 통화 제도는 중앙은행에 의한 중앙 집권적 시스템으로 담보되고 있었다.

블록체인은 중앙은행이나 플랫포머의 존재 없이 가치 교환을 가능하게 하는 점이 중요하다. 블록체인은 가상화폐(암호자산)뿐만 아니라 다양한 금융 거래에 활용할 수 있는 혁신적인 기술이라 해도 좋을 것이다.

그러나 지금은 아직 유감스럽게도 돈벌이로밖에 인식하지 않는 관계자와 기업이 많다. 가상화폐(암호자산)를 둘러싼 문제나 불상사가 자주 발생하는 이유다. 약 580억 엔어치의 가상화폐가 유출된 코인체크 사건도 그렇다. 돈벌이와 고객 유치만 중시해 보안 대책을 소홀히 여긴 결과로 일어날 일이 일어났다고 할 수 있다.

가상화폐 시장 자체도 투기 수요가 증가함에 따라 일시적으로 시가총액 합계가 대폭 상승했다. 2018년 1월 무렵에 정점에 달한 후 2019년 4월 하순에는 80% 가까이 하락해 20조 엔 정도까지 떨어졌다. 따라서 현재로서는 가상화폐에 대한 부정적인 견해가 많은 것 같은데, 내 생각은 반대다. 10년 후에는 2,000조 엔 정도로 팽창할 것으로 예상한다.

그렇다면 무엇을 해야 할 것인가? 먼저 시장이 아직 미성숙한 상태이므로 시스템 구축에 만전을 기하고 보안 대책을 통해 안심·안전 서비스를 제공할 필요가 있다. 앞서 설명했듯이 SBI 그룹은 2018년 6월 고객 중심주의를 실천하는 가상화폐 교환소 SBI 버추얼커런시즈(현 SBI VC Trade)를 개설했다.

나는 자사 서비스만 제대로 제공하면 된다고 보지 않는다.

SBI 그룹은 이전에 외환증거금거래 분야의 자율규제 단체 설립에 매진한 적이 있다. 가상화폐 분야도 업계 전체를 재편해야 한다고 생각한다.

그런 생각에서 나부터 업계의 자율규제 단체인 일본 가상화폐교환업협회의 이사로 참여하고 있다. 협회에서는 시장의 건전한 발전을 위해 당국과 논의를 진행하고 있다.

블록체인을 통한
사회 변혁을 향해

블록체인은 앞으로 비금융 분야에서 폐쇄형과 컨소시엄형의 활용이 진전되어 시장 규모가 더욱 확대될 것으로 생각된다. 구체적으로는 다음과 같은 산업에 급속도로 영향을 미치게 될 것이다(다음 그림 참조).

부동산
블록체인을 이용한 확실성 높은 정보 공유 시스템을 통해 부동산 정보 기록·관리의 용이화 및 스마트 계약(계약의 원활한 검증, 집행, 실행, 협상을 의도로 만든 컴퓨터 프로토콜)에 의한 부동산 계약 효율화,

블록체인 활용 사례

업계		활용 사례
금융		가상화폐, 크라우드펀딩, 송금, 증권 거래 등
비금융	부동산	등기 관리, 임대차 계약
	소매	공급망 관리, 선불 카드, 리워드(포인트 시스템)
	의료	전자의무기록, 유전자 데이터
	유통	무인 드론에 의한 수송망, 선박 출구 관리
	제조	제조 공정 관리, 품질 증명
	법무	스마트 계약, 저작권 관리
	행정	본인인증, 호적 관리, 투표, 행정 문서 조작 방지

부동산 자체의 토큰화에 의한 매매의 용이화가 예상된다. 일본에서는 2018년에 부동산 정보 컨소시엄이 설립되었다.

소매

식량 생산부터 폐기에 이르는 과정까지는 상사(商社)·창고·도매사·레스토랑 등 다수의 참여자가 관여한다. 블록체인을 이용해 정보를 공유함으로써 최종 소비자에게 투명성 높고 정확한 정보를 제공할 수 있다.

의료

의료 데이터는 복잡하고도 보호해야 할 개인 정보가 많은 데이터다. 블록체인을 사용해 의료 기관 간 데이터를 연동함으로써 정확한 진단, 효율적인 치료법 검토, 가성비 높은 의료 제공 등 의료 시스템 전체의 능력 향상으로 이어진다.

유통

블록체인을 이용해 무인 배송 드론이 상호 통신 시스템을 구축함으로써 무인 배송의 신뢰성을 확보할 수 있다. 선박을 이용한 수송에서는 선박 등록·수출입 절차·항만 업무 효율화에 블록체인을 활용할 수 있다.

제조

복합기업의 생산 과정과 관련된 데이터 관리 표준화 및 보안 강화에 블록체인 활용이 검토되고 있다. 스마트 계약 기능을 이용해 소모품 보충과 수리 신청이 자동으로 이루어지는 전자 제품 제조 등에 대한 응용도 생각해볼 수 있다.

법무·행정

블록체인상에 기재된 정보는 쉽게 조작되지 않는다는 특징을 활용해 신뢰성 높은 계약 문서 저장과 행정 문서 관리에 최적이다.

선거 부정을 방지하기 위해 우크라이나와 미국 등에서는 이미 블록체인을 활용한 온라인 투표의 실증실험이 이루어졌다. 일본의 경우 쓰쿠바 시에서 블록체인과 마이넘버카드(주민등록증에 해당하는 일본의 신분증-옮긴이)를 사용한 인터넷 투표 테스트가 이루어졌다.

블록체인 기술 보급을 확신한 SBI 그룹은 2018년 AI 및 블록체인 분야를 주요 투자 대상으로 하는 'SBI AI&Blockchain 펀드(통칭 SBI A&B 펀드)'를 설립했다.

당초 200억 엔 규모로 펀드레이징을 시작했는데, 최종 출자 약속 금액은 600억 엔에 달했다. 지역 금융 기관 56사를 포함해 기관 투자자, 대형 금융 기관, 기업 연금 기금 등 약 130사가 출자에 참여했다.

그리고 2019년 4월 말 시점으로 SBI AI&Blockchain 펀드로부터 총 75사에 약 335억 엔의 투자 결정이 완료되었다. SBI 홀딩스 등의 투자까지 합치면 약 440억 엔에 달한다.

SBI 그룹의 투자처 중에는 비금융 분야의 블록체인 활용을 지향하는 기업도 있다.

투자 대상의 새로운 기술 혁신 분야

블록체인·가상통화	크라우드펀딩·M&A	로보어드바이저	생활과학·헬스케어
로보틱스·자율주행	공유 경제	우주	렌딩
인바운드·월경(越境)전자상거래	회계·PFI·은행 API	환경에너지·바이오	마케팅·미디어
부동산테크	인슈어테크	IT 서비스	전자상거래·결제
IoT·보안	빅데이터	AI 관련	어그테크(스마트농업 관련 기술)

예를 들면 대만의 OBook(오북, SBI 그룹 출자 비율 20%)은 대만을 중심으로 미국, 유럽, 아시아에서 세계 최초로 블록체인 호텔 관리 시스템(HMS)과 공급망에서의 식품 추적 시스템을 개발하고

있다.

호텔 예약 접수에는 호텔 관리 시스템뿐만 아니라 예약 엔진·채널 제어 시스템(중복 예약을 방지하기 위한 정합성 관리)이 필요하다. 블록체인(스마트 계약)을 이용한 일관된 HMS를 통해 호텔 측은 대폭적인 비용 절감이 가능하다. 100실 이상의 호텔 같은 경우 비용은 50% 이하로 추산된다.

또 오북이 세계 최초로 개발 중인 블록체인 기반 식품 추적 시스템은 다수의 참여자가 뒤섞여 있는 공급망에서 식품의 생산지 데이터 등을 추적·공유함으로써 식품의 생산지 위조 등을 방지할 수 있다.

블록체인의 응용이 진전된다면 사회 전체의 효율성과 편의성이 향상되고 우리의 삶 자체가 크게 달라질 것이다.

앞으로 다가올 시대에 기업의 바람직한 미래상과

인간으로서 삶을 진지하게 고민하는 것.

매사의 본질을 추구하고 규범을 정해 나아갈 길을 찾는 것.

내가 《논어》, 《맹자》와 같은 중국 고전을 통해 배운 것은

이치에 따르고 의리를 관철하는 삶이었다.

사업의 근간에
흐르는
원리 원칙

사람에는 인덕,
기업에는 사덕

앞 장까지는 SBI 그룹의 창업 전후부터 오늘날에 이르는 발자
취를 되돌아보았다. 마지막 장에서는 이런 발자취의 근저에 계
속 흐르고 있는 나의 경영 철학에 관해 이야기하고자 한다.

나는 대학을 졸업하고 비즈니스 세계에 들어오고 나서 항상
'기업은 어떠해야 하는가'라는 문제를 계속 고민해왔다. 그때마
다 어렸을 적부터 친숙하게 접해온 《논어》, 《맹자》와 같은 중국
고전이 매우 많은 참고가 되었다. 그리고 언제부터인가 사람에
게 인덕이 있듯이 기업에도 '사덕(社德)'이 있다고 생각하게 되었
다. 숭고한 사덕이 있다면 사업은 분명 잘 풀릴 것이며 사회적으
로도 존경받을 것이다.

일찍이 일본에는 메이지 시대의 시부사와 에이치 옹(翁)을 비
롯해 이와 같은 사고방식을 중요하게 여긴 경영자가 적잖이 있
었던 것 같다.

그러나 1990년대 들어서자 거대 거품 붕괴와 이후 이어진 디
플레이션, 일본 경제의 잠재 성장력 저하, 야마이치 증권과 일
본장기신용 은행 등의 대규모 파산, 종신고용제와 연공서열제
붕괴 등이 일어나면서 기존의 일본적인 가치관이 동요하기 시

145

작했다.

이런 상황에 파고든 것이 기업은 주주에게만 직접적인 책임을 진다는 미국식 사고다. 미국의 호경기와 미국 기업의 세계적 우위성을 배경으로, 주주 가치를 유일하고 절대적이라고 보는 미국식 기업관이 일본에서도 칭송받게 된 것이다.

미국식 기업관이란 오해를 무릅쓰고 말하자면 '기업은 주주와 주주의 이익을 위해 존재한다(1919년 미시간 주 대법원 판결)' 혹은 '기업의 유일한 사회적 책임은 이윤의 극대화에 있다(1970년 밀턴 프리드먼)'와 같은 사상이다.

주주 가치·이익만을 중시하는 이런 기업관은 때때로 본래 기업이 다해야 할 사회적 책임의 경시로 이어진다. 이는 공공재인 자본 시장의 악용·남용과 상대방을 무시한 적대적 인수, 법령 위반을 중심으로 한 불상사 등의 요인이 될 수 있다.

반면에 사회와 조화를 이루는 기업 경영을 목표로 하려면 다음과 같은 3가지 과정에 의한 패러다임 전환이 필요하다.

1단계 사회성 인식

기업은 사회에 소속되어 있어야 비로소 존속할 수 있다. 기업은 사회의 유지·발전에 이바지해야 한다.

2단계 사회적 신용 획득

가치관, 경영 이념, 비전과 같은 개념적 틀을 명확히 규정한다. 경쟁 전략, 타깃 고객 세분화, 사업 포트폴리오를 정한다. 이를 자사 내외에 널리 표명하고 이해관계자로부터 평가를 받는다. 사내의 업무 체제와 교육 연수 체제를 정비한다.

3단계 '사덕' 높이기

사덕 함양을 위해 다음과 같은 실천적인 활동을 수행한다.

· 전 임직원이 덕성(德性)을 높이고 올바른 윤리적 가치관을 확립한다.

· 획득한 사회적 신용을 유지하고 지속적으로 양성한다.

· '재(才)'보다 '덕(德)'을 중시하는 인재 채용과 평가·등용 제도를 마련한다.

· 기업의 성격과 이미지의 정합성을 중시한다.

· 기업을 둘러싼 모든 이해관계자와의 조화를 도모한다.

· 기부와 자원봉사 활동, 문화 활동 지원 등 직접적 사회 공헌 활동을 적극적으로 추진한다.

경영 총수에게 필요한
'덕'이란

조직 운영과 회사 경영, 사업 구축은 모두 사람에 의해 이뤄진다. 그런 의미에서 '사덕'을 높이는 것은 경영자의 윤리적 가치관이 관건이다.

경영자의 윤리적 가치관은 경영 방침, 경영 전략, 경영 성적에 반드시 반영된다. 경영자의 윤리적 가치관은 기업 경영의 가장 근본적인 요소다.

《프로테스탄트 윤리와 자본주의 정신》으로 잘 알려진 독일의 사회학자 막스 베버는 자본주의를 발전·존속시키는 정신적 지주로 '정직, 근면, 절약'을 꼽았다. 자본주의를 지탱하는 기업이라는 조직 안에는 인간의 윤리적 가치관이 구성 요소로 살아 숨 쉬고 있으며, 특히 총수의 윤리적 가치관이 중요하다.

오스트리아에서 태어나 미국에서 활약한 경영학계의 태두(泰斗) 피터 드러커도 다음과 같이 말했다.

"경영자가 해야 할 일은 얼마든지 배울 수 있다. 그러나 경영자가 배울 수 없음에도 반드시 갖춰야 하는 자질이 있다. 그것은 천재적인 재능이 아니라 그 사람의 품성이다."

여기서 말하는 품성의 주체는 두말할 나위 없이 윤리적 가치관이다.

한편 중국 북송(北宋) 시대의 문인으로 유명한 소순은 《관중론(管仲論)》에서 다음과 같이 일갈했다.

"한 나라는 한 사람으로 말미암아 흥하기도 하고 한 사람으로 말미암아 망하기도 한다."

어떤 조직·집단이든 지도자인 총수의 양어깨에 흥망이 달려 있다. 총수는 늘 올바른 윤리적 가치관을 기르려는 노력을 계속해야 한다.

경영 총수가 명심해야 할 8가지 포인트

경영 총수가 명심해야 할 점에는 어떠한 것이 있을까? 나는 다음 8가지가 중요하다고 본다.

(1) 올바른 윤리적 가치관 확립

거듭 강조하지만 경영 총수는 올바른 윤리적 가치관을 지녀야 한다. 이해득실로 판단하는 것이 아니라 올바른지 아닌지로 판단해야 한다는 뜻이다.

《논어》에도 다음과 같이 적혀 있다.

"군자는 의로움에 밝고, 소인은 이익에 밝다(君子喩於義 小人喩於利)."

(어떤 사안에 대해 군자는 올바른지 아닌지로 판단하지만, 소인은 이해득실로 판단한다.)

"공자께서 말씀하셨다. 군자는 의로움을 바탕으로 삼고 예로써 그것을 실행하며, 겸손하게 그것을 드러내고, 믿음으로써 그것을 이룬다. 이런 사람이 군자로다(子曰: 君子義以爲質 禮以行之 孫以出之 信以成之 君子哉)."

(군자는 도의를 근본 삼고, 예로써 행동하고, 겸허한 태도로 말하고, 시종일관 거짓 없는 믿음을 관철해 일을 달성한다. 이런 인물이 진정한 군자다.)

(2) 숭고한 뜻을 지닐 것

수많은 장애물을 극복해 목적을 달성하려면 숭고한 뜻이 필요하다. 《후한서(後漢書)》에는 다음과 같이 적혀 있다.

"뜻이 있는 자는 마침내 성공한다(有志竟成)."

(이루려는 뜻만 있다면 비록 장애물이 있더라도 반드시 성공할 수 있다.)

한자로 뜻(志)이란 선비(士)의 마음(心)이라고 쓴다. 선비(士)는 십(十)과 일(一)이 합쳐진 글자다. 십은 다수·대중을 나타내고 일은 다수의 의지를 취합하는 역할로 무거운 책임이 뒤따른다는 의미다.

따라서 뜻(志)은 원래 '공공을 위해 봉사하는 마음'을 의미한다. 꼭 대규모 사업을 벌이거나 역사에 남는 인물이 될 필요는 없다. 공공을 위해 자신이 할 수 있는 일을 평생에 걸쳐 끝까지 해내고, 뒤를 잇는 사람들에게 전해줄 유산으로 삼는 마음가짐이 중요하다.

《논어》에는 공자가 지닌 뜻(志)이 이렇게 적혀 있다.

"노인을 편안하게 해주고, 벗들에게는 믿음을 주고, 젊은이들을 품어주고자 한다(老者安之 朋友信之 少者懷之)."

(윗사람은 편안하게 해주고, 친구와는 서로 신뢰하며, 아랫사람으로부터는 존경받는 사람이 되고 싶다.)

그렇다면 뜻은 어디에서 생겨나는 것일까?

애초에 우리 인간은 다른 동식물의 희생 위에서 생명을 유지하는 존재다. 사람은 타인과 사회의 간섭 없이는 존재할 수 없다.

사람은 타(他)에 의해 살아간다. 이를 자각함으로써 공공을 위해 살아가는 사명감이 싹트고 그것이 뜻이 되며 자기 자신의 삶이 되는 것이다.

한편 뜻은 망가지기 쉬운 것이기도 하다. 일본 역사 소설계의 거장 시바 료타로(司馬遼太郎)는 《고개(峠)》의 주인공이자 에치고나가오카 한[藩 에도시대에 1만 석 이상의 영토를 보유했던 봉건영주 다이묘(大名)가

지배했던 영역을 말함, 에치고 나가오카 한은 지금의 니가타 현 나가오카시, 니가타시를 지배 영역으로 함)의 영걸이었던 가와이 쓰기노스케의 입을 빌려 "이 세상에 뜻만큼 잘 녹아들고, 잘 망가지며, 잘 부서지는 것은 없다"라고 말했다.

중국 삼국시대의 군사로 유명한 제갈공명은 오장원에서 전사하기 직전, 아들 첨(瞻)에게 보낸 편지에서 다음과 같이 말했다.

"담박해야 뜻을 밝힐 수 있고, 영정해야 원대함을 이룬다(澹泊明志 寧靜致遠)."

(사리사욕에 빠지지 말고 마음이 깨끗해야 뜻을 밝힐 수 있다. 마음 편히 차분하고 느긋하게, 조용한 마음으로 있어야 원대한 경지에 도달할 수 있다.)

뜻을 야심으로 착각하지 않는 것도 중요하다.

뜻이란 세상과 타인을 위한 이타적인 것이며 그런 까닭에 많은 사람에게 공유되고 후세로 계승된다. 한편 야심은 이기적인 것이며 그 사람 한 세대에서 끝나버린다.

이타적인지 아닌지, 많은 사람에게 공유되는 것인지 아닌지가 핵심이다.

(3) 성실할 것

뛰어난 경영 총수는 사내에서든 사외에서든 누구에게나 성실하게 대해야 한다. 성실함은 리더의 필수적인 자질이라고 해야

마땅하다. 《한비자(漢非子)》는 "교묘하게 속이는 것보다 옹졸하더라도 진실한 것이 낫다(巧詐不如拙誠)"라고 말했다. 《맹자》에는 "지극히 정성을 다하고도 남에게 감동을 주지 못한 자는 아직 없다(至誠而不動者 未之有也)"라고 적혀 있다. 성실은 말로만 하는 것이 아니다. 행동이 따라야 비로소 진정한 성실이라 할 수 있다.

《논어》에서는 다음과 같이 풀이하고 있다.

"공자께서 말씀하셨다. 군자는 자신의 말이 그의 행동을 넘어서는 것을 부끄러워한다(子曰: 君子恥其言而過其行)."

(군자는 말만 많이 하고 행동하지 않는 것을 부끄러워해야 한다.)

(4) 실행력인 담식(膽識)을 지닌다

경영 총수에게는 당연히 사업과 경영에 대한 경험과 지식이 있어야 한다. 그것을 토대로 적확한 판단을 내리는 견식도 필요하다.

그러나 그것만으로는 충분하지 않다. 최종적으로는 행동으로 이어져야 한다. 어떤 어려움이 가로막더라도 이를 극복하는 강인한 리더십과 실행력이 바로 '담식(膽識)'이다.

정리하자면 '지식(知識)'이란 어떤 것을 아는 것이다.

'견식(見識)'이란 어떤 것에 대한 확실한 이해와 생각이 있는 것이다. 지식은 선악을 판단할 수 있는 견식으로 발전되어야 비로소 인생에서 활용될 수 있다.

'담식(膽識)'이란 용기 있는 실행력을 동반한 견식이다. 담식을 지닌 단계에 이르러야 비로소 경영 총수의 책임을 다할 수 있다.

(5) 인물을 모으는 넓은 도량

자리에 연연하는 경영 총수는 주위에 예스맨만 두기 쉽다. 그러나 훌륭한 경영 총수는 자신보다 뛰어난 사람을 모으는 것이 중요하다.

에도 시대의 유학자로 잘 알려진 오규 소라이는 《수심의 원칙(收心の則)》에서 다음과 같이 말했다.

"제 입맛에 맞는 사람만 쓰지 말라. 사람을 쓰려거든 그 일을 충분히 맡겨라. 위에 있는 자는 아래에 있는 자와 지혜를 겨루어서는 안 된다. 잘만 쓴다면 인물은 반드시 있기 마련이다."

미국의 철강왕 앤드류 카네기의 묘비명에는 다음과 같은 의미의 말이 적혀 있다고 한다.

"자기보다 현명한 인물을 주위에 모을 줄 아는 남자, 여기 잠들다."

(6) 인재 육성 능력

조직을 운영할 때는 멤버 각자의 장점을 결집하고 그것을 유기적으로 기능하게 만듦으로써 조직 전체적으로 힘을 발휘하는 것이 중요하다.

이를 위해서는 솔선수범하여 남들보다 앞서 심신을 수양하고 실천해야 한다. 입이 아닌 몸으로 말하고 뒷모습을 보이며 인도해주는 역할이야말로 위에 선 자의 기본 조건이다.

《논어》에는 다음과 같이 적혀 있다.

"그 자신이 바르면 명령하지 않아도 행하고, 그 자신이 바르지 못하면 비록 명령해도 따르지 않을 것이다(其身正 不令而行 其身不正 雖令不從)."

(위에 선 자가 그 몸을 바르게 다루고 있다면 저절로 아래의 자들도 적절히 행동한다. 그렇지 않다면 아무리 명령해도 생각대로 움직이게 할 수 없다.)

일본의 연합함대 사령장관이었던 야마모토 이소로쿠도 다음과 같이 말했다.

"시범을 보여라. 말해서 들려준 다음 시켜보고 칭찬하라. 그러면 누구나 할 수 있다."

때로는 칭찬해주는 것도 필요한 법이다.

(7) 인물을 간파하는 힘

경영 총수는 '시(視), 관(觀), 찰(察)' 3가지로 사람을 감별해야 무익한 인물과 어울릴 일이 없다. 《논어》에는 다음과 같이 적혀 있다.

"그가 지금 하고 있는 일을 보고, 그가 어떤 이유로 그렇게 하는지 관찰하고, 그가 편안하게 여기는 것을 세밀히 살펴보라. 사람이 어찌 자신을 숨기겠는가(視其所以 觀其所由 察其所安 人焉廋哉)."

'시'란 그 사람의 행동을 관찰하는 것이다. '관'이란 그 사람이 행동하는 동기를 알아보는 것이다. '찰'이란 그 사람이 행위에 만족하는 정도를 헤아려보는 것, 바꿔 말하면 그 행동의 목적을 아는 것이다.

《논어》에는 다음 글귀도 적혀 있다.

"유익한 벗이 세 가지이고, 손해가 되는 벗이 세 가지다. 정직한 사람을 벗하고, 성실한 사람을 벗하며, 견문이 많은 사람을 벗하면 이롭다. 정직하지 못하고 외모만 그럴싸한 사람을 벗하고, 성실하지 못하고 아첨만 잘하는 사람을 벗하며, 견문의 실제가 없고 구변만 잘하는 사람을 벗하면 손해다(益者三友 損者三友 友直 友諒 友多聞 益矣 友便辟 友善柔 友便佞 損矣)."

(어울려서 자신에게 도움이 되는 벗이 3종류가 있고, 어울려서 자신이 손해를 보는 벗도 3종류가 있다. 전자는 정직한 벗, 성실한 벗, 박식한 벗이고, 후자는 부정직한 벗, 불성실한 벗, 말만 앞서는 벗이다.)

(8) 조직 운영력

조직 운영의 요체는 '예(禮)'와 '화(和)'다.

먼저 경영 총수는 부하에 대해 똑같이 대등한 인간으로서 상대방을 존중하고 '예의'로써 대해야 한다. 위에 있는 사람이라면 책임은 모두 자신이 지고 공로는 부하에게 돌릴 정도의 관용이 필요하다.

그렇게 해야 개개인의 힘이 덧셈이 아닌 곱셈이 되는 '화합'이 생겨나 조직만의 커다란 힘이 발휘된다.

다만 화합만을 추구하면 오히려 조직이 취약해질 수 있다. 각자 분수를 지키고 자신의 역할을 제대로 다하며 서로 존중하고 돕는 규율 있는 관계를 '예의'로써 정비해야 한다.

《논어》에는 다음과 같이 적혀 있다.

"예의 기능은 화합이 귀중한 것이다. 옛 왕들의 도는 이것을 아름답게 여겨서, 작고 큰일들에서 모두 이러한 이치를 따랐다. 그렇게 해도 세상에서 통하지 못하는 경우가 있는데, 화합을 이루는 것이 좋을 줄 알고 화합을 이루되 예로써 절제하지 않는다면 또한 세상에서 통하지 못하는 것이다(禮之用 和爲貴 先王之道 斯爲美 小大由之 有所不行 知和而和 不以禮節之 亦不可行也)."

(예의의 작용으로 조화가 있다. 옛날 왕도 조화로써 나라를 통치하는 데 능했다. 그러나 큰일이든 작은 일이든 조화만으로 행하려고 한다면 잘되지 않는다. 조화는 중요하

지만 예의로써 절도를 더해야 한다.)

경영자에게 필요한 선견성,
'3가지 기'

경영자가 앞으로의 시대에 맞는 사업을 찾아내지 못한다면 사원이 아무리 열심히 노력해도 성공하지 못할 것이다.

고객의 니즈와 수요는 어디에 있고 어느 쪽을 향하고 있는가? 거기에 부응하는 사업은 무엇인가? 경영자에게 필요한 것은 이런 것들을 판단하는 안목이다.

이는 '선견성'으로 바꿔 말할 수 있다. 나는 그 조건을 '3가지 기'라는 키워드로 표현한다.

3가지 기란 중국의 사서오경 중 하나인 《역경(易経)》의 가르침인 '기(幾)', '기(期)', '기(機)'를 뜻한다.

먼저 '기(幾)'는 일이 변화하는 조짐을 뜻한다.

일은 어느 날 갑자기 변화하는 것이 아니라 반드시 어떤 형태로든 조짐이 있다. 그 조짐을 포착할 수 있는지가 앞을 내다보는 데 있어 매우 중요하다.

둘째 '기(期)'는 일을 행하는 타이밍을 뜻한다.

예를 들면 새로운 서비스를 시작하는 타이밍이 너무 늦어서는 안 되지만, 너무 빨라도 고객에게 받아들여지지 않는다. 절호의 타이밍을 판가름할 필요가 있다.

지금까지 우리가 시기상조라고 판단해 사업에서 철수한 사례로는 우선 일본 최초의 PTS(사설거래소)인 E-Bond Securities(이본드 증권)가 있다. 이본드 증권은 1999년에 설립했다. 미국에도 없는 콘셉트로, 리먼브라더스 증권과 조인트벤처의 형태로 출범시켰다. 그러나 시대를 너무 앞서 나간 비즈니스였기 때문에 매우 이른 시기에 철수 판단을 내렸다. 그 후 2007년에 주식 PTS를 운영하는 SBI Japannext(SBI 저팬넥스트 증권)를 설립했다. SBI 저팬넥스트 증권은 현재 투자자를 대상으로 야간 등 시간 외를 포함해 도쿄증권거래소 이외의 장외 거래 기회를 제공하고 있다.

한편 2008년 일본 최초의 인터넷 전문 생보 기업으로 출범시킨 SBI AXA Life Insurance(SBI 악사생명)의 사례도 있다. 창업한 지 불과 2년 만인 2010년 2월에 설립 파트너사였던 악사저팬홀딩에 우리 지분 60%를 완전히 매각했다. 이 역시 인터넷 생보 사업 진출은 시기상조라고 판단했기 때문이다. 내가 인터넷 생보 사업 진출을 시기상조라고 생각한 데는 이유가 있다. 생보 사업은 기본적으로 인터넷 채널만으로는 무리이며, 기존에 우리가 사업을 전개했던 증권·은행·손보와는 전혀 다른 대응이 필요하다는 느낌이 들어서였다. 실제로 당시 각 인터넷 생보사의 신규 계약 건수는 한계점에 도달해 있었고 적자 상황이었다.

그래서 우리는 보험 상품 비교 사이트와 그룹 내 대리점을 최대한 활용해 시너지 효과를 도모했다. 또 콜센터와 보험 판매점과 같은 채널을 모두 활용해 나가는 형태가 아니고서는 생보업에 진출해도 조기에 이익을 내기란 어렵다고 판단했다. 추후 생보 사업에 재진출하게 된다면 애초부터 인터넷뿐만 아니라 콜센터와 오프라인 채널도 적극적으로 활용하면서 전개하기로 정하고 일시 철수를 결단했다.

금융청으로부터 생명보험업 면허를 힘들게 취득해놓고 왜 SBI 악사생명을 매각하느냐 하는 의견도 당시에 일부 있었던 것 같다. 하지만 뒤이은 각 인터넷 생보사의 현황 등을 본다면 일시 철수라는 당시의 내 직관적 판단은 정확했다고 확신한다.

그 후 영국 푸르덴셜 그룹 산하의 일본 법인이었던 일본 PCA 생명(PCA 저팬)을 인수(2015년 2월 자회사화)해 생보 사업에 재진출했다. 사명을 PCA 생명에서 현재의 SBI 생명으로 변경하고 흑자를 유지하면서 사업 영역을 확대하고 있다.

셋째 '기(機)'란 핵심 혹은 급소를 뜻한다.

동양의학의 침구술은 몸의 혈 위치를 정확히 파악하고 있지 않으면 효과가 없다. 마찬가지로 비즈니스에서도 '이 사업의 본질은 이것'이라는 핵심을 반드시 제대로 파악해야 한다.

SBI 그룹의 사례에 대입해보면 이렇다. 인터넷의 등장과 금융 빅뱅에 의한 규제 완화와 같은 시대의 변화(=기, 幾)를 감지해 1990년대 후반이라는 절호의 타이밍(=기, 期)에 온라인 증권 비즈니스에 진출했다.

그리고 주식 매매 수수료의 압도적 인하가 온라인 증권 비즈니스의 핵심(=기, 機)임을 파악해 적확한 방법을 쓸 수 있었다.

'중국 고전'에서 읽어내는
경영 힌트

나는 이처럼 경영을 할 때 중국 고전의 가르침을 중시한다. 이는 내 개인적인 경험에 뿌리내리고 있음이 틀림없다.

어렸을 적부터 아버지는 중국 고전에 관한 이야기를 자주 해주었다. 자연스럽게 중국 고전에 관심이 생겼으며, 중학교 3학년 무렵부터는 여러 가지 관련 서적을 읽게 되었다. 이렇게 축적된 지식이 비즈니스 세계로 진출해 다양한 도전을 계속하는 지침이 되었다. 이것이 경영자로서 체득되어 있다.

내가 경영을 하는 데 있어 기회 될 때마다 언급하면서 강조하는 중국 고전에 기반한 가르침을 몇 가지 소개하고자 한다.

(1) '판단 기준'을 터득한다

경영은 시시각각 이루어지는 '판단'의 연속이다. 그런 까닭에 '판단 기준'을 터득해두지 않으면 매번 머뭇거리게 되어 신속하고 적확한 결론을 도출해낼 수 없다.

내가 '판단 기준'으로 삼는 것은 다음 3가지 윤리적 가치관이다.

'신(信)' 사회의 신뢰를 잃지 않을 것.

'의(義)' 사회적 정의에 비추어 올바른 일을 행할 것.

'인(仁)' 매사를 상대방의 입장에서 생각할 것.

항상 '신, 의, 인'에 비추어 판단한다면 중심축이 흔들리는 일 없이 적확하게 판단할 수 있다.

(2) 사고력을 높인다

판단의 전제가 되는 것이 사고력이다. 사고력을 높이기 위해 나는 다음 3원칙을 항상 명심하고 있다.

첫째는 장기적 사고다.

《논어》에 "멀리 생각하지 못하면 반드시 가까운 근심이 생긴다(人無遠慮 必有近憂)"라는 말이 있다. 단기적인 이해득실에 얽매이지 말고 장기적으로 사회에 크게 이바지하는 사업이 성장하는 법이다.

둘째는 다면적 사고다.

현시점의 올바른 견해와 성공 요건이 어느 사이에 그릇된 견해와 실패의 원인으로 바뀔 수 있다. 세상의 주류로 여겨지는 경제 이론도 시대에 따라 변천해왔다. 항상 다양한 사고방식을 겸비해야 한다.

셋째는 대국적 사고다.

어떤 일이든 지엽적인 부분이나 형식에만 매달리지 말고 근본을 파악하기 위해 노력해야 한다. 《논어》에는 다음과 같이 적혀 있다.

"군자는 근본에 힘쓰며 근본이 서면 도가 생겨난다(君子務本 本立而道生)."

(군자는 매사의 근본을 중요하게 여긴다. 근본이 확립되면 길은 저절로 열린다.)

(3) 선견성을 연마한다

여러 선택지 중에서 장차 나아가야 할 올바르다고 생각되는 방향을 선택한다. 동시에 그 올바름이 어느 시점을 기준으로 하는 것인지도 고려할 필요가 있다. 나침반이 고장 났다면 아무리 노력해도 목적지에 도달할 수 없다. 진행 도중에 나침반이 망가지는 일도 있다.

장래를 위해 고찰할 때 중요한 것이 바로 선견성이다. 마쓰시타 고노스케는 "한 가지를 열심히 하다 보면 그 일에 대해서 어느 정도 예견할 수 있게 된다"라고 말했다.

경영자에게는 아주 작은 징후를 통해 미래의 전체를 헤아리고, 극히 일부만 보고도 결과를 아는 직감적인 기지가 매우 중요하다. 《한비자》에는 "성인은 낌새를 보면 싹수를 알고 실마리를 보면 그 끝을 안다(聖人見微以知萌 見端以知末)"라고 적혀 있다.

(4) 하늘에 맡김(任天)과 운명에 맡김(任運)

《논어》에 "죽고 사는 것은 운명이고 부귀는 하늘의 뜻이다(死生有命 富貴在天)"라는 말이 있다. 죽느냐 사느냐는 천명의 문제이며, 부자가 될지 존귀한 사람이 될지도 하늘의 보답이라는 뜻이다. 따라서 자신에게 일어나는 일은 모두 '천명'이라고 보면 된다.

메이지 시대에 태어난 철학자·교육자인 모리 신조 선생은 《수신교수록(修身教授録)》에서 모든 천명을 있는 그대로 받아들여야 한다는 최선관(最善觀)을 제창했다.

"자신에게 생기는 모든 일은 사실 대우주의 질서가 그렇게 결정했기 때문이다. (중략) 즉 적어도 자기 신상에 일어나는 일은 모든 것이 본인에게 있어 절대 필연이자 최선인 셈이다."

한편 하늘이 주는 시련이라는 것이 있다. 《맹자》에는 다음과 같이 적혀 있다.

"하늘이 이 사람들에게 거대한 임무를 내려주고자 할 때는, 반드시 먼저 그 마음과 뜻에 더없는 고통을 안기고, 그 육신의 근육과 뼈를 더없이 수고롭게 하며, 그 몸을 배고프게 하며, 그 육신의 삶을 궁핍하게 한다. 내가 이루고자 하는 것을 좌절케 하니, 이 모든 고난이 인간의 마음을 움직여 분발케 하며, 그 본성에 견고함과 인내심을 길러줌으로써, 여태까지 능하지 못했던 것들을 해낼 수 있도록 그 능력을 키워주려 함이다(天將降大任於是人也 必先苦其心志 勞其筋骨 餓其體膚 空乏其身 行拂亂其所爲 所以動心忍性 曾益其所不能)."

(하늘이 누군가에게 중대한 사명을 주고자 할 때는 먼저 그 사람을 여러 가지로 괴롭히는 법이다. 이는 마음을 단련하고, 인내심을 키우며, 불가능했던 것을 가능하게 만들기 위해서다.)

일본의 상인도를 중시하다

나는 경영을 할 때 일본 선인들의 가르침을 존중하고 있다.

예를 들면 '석문심학(石門心學)'의 시조로 불리는 에도 시대 사상가 이시다 바이간은 "상인이 이익을 취하는 것은 선비가 녹(祿)을 받는 것과 같다"며 상행위의 정당성을 주장함과 동시에 "법을 지키고 품행을 조심해야 한다"며 윤리와 도덕을 중시했다.

또 "진정한 상인은 남도 이익을 보고 자신도 이익을 보는 방법을 생각한다"라고 말하는데, 이는 요즘 말하는 상생 사상을 앞서간 것이다.

메이지 시대 초기에 500여 개의 민간 기업을 창립·육성하고 그 대부분을 대기업으로 성장시킨 시부사와 에이치 옹(翁)도 그렇다.

"영리 추구든 자본 축적이든 모두 인애(仁愛)의 정이 깃들고 도의에 맞아야 한다"라고 말하며 올바른 윤리적 가치관을 역설했다.

현 파나소닉의 창업주인 마쓰시타 고노스케는 기업의 사회적 책임·사명의 달성을 중시하는 경영을 실천했다. 그는 저서 《기업의 사회적 책임이란 무엇인가》에서 '본업을 통한 사회 공헌'과 '지역 사회 및 주위 환경과의 조화'를 강조한다.

지념(志念)을 공유하다

기업 경영의 근간을 이루는 것이 바로 인재 육성이다. 이를 위해 나는 사원과 지념(志念)을 공유하는 것을 중시한다.

'지념'은 단순히 뜻(志)이라 해도 좋다. 나의 다음 세대 사람이 그 뜻을 이어받아 사업을 이루어 나가고, 다시 그다음 세대로 뜻을 이어 나간다. 이렇게 함으로써 회사는 미래로 이어져 나갈 수 있다. 야심만으로는 한 세대 만에 끝나버릴 것이다.

당사는 경력으로 채용한 사원이 매우 많아 기업 문화를 담당하는 사람이 없으면 각자 제멋대로 행동하고 만다.

그래서 지념을 사원에게 전해주기 위해 회사가 커진 지금도 내가 빠뜨리지 않고 하는 일이 있다. 바로 신규 졸업자든 경력이든 사원을 채용할 때는 반드시 나도 직접 면접에 참여하는 것이다.

또 신규 졸업자로 채용한 신입 사원에게는 1년에 걸쳐 윤리적 가치관, 경영과 경제, 그리고 신기술 등을 주제로 하는 다양한 소논문 과제를 격주로 내주고 있다.

한편 2008년에는 문부과학성의 인가를 받아 통신제(온라인) 전문직 대학원인 SBI 대학원대학을 설립해 우리 그룹의 사원을 연수시키는 장으로도 활용하고 있다.

SBI 대학원대학은 나의 사상을 구현한 것이다. 사업가로서 반드시 갖추어야 할 자질인 윤리적 가치관과 인간력을 배양하기 위한 '덕육(德育)'을 중시해, 내가 직접 학장이자 강사도 맡고 있다. 내 정신적 지주는 중국 고전이다. 수강생들도 공자와 맹자, 한비자 등 속에서 뛰어난 지혜를 흡수하기를 바란다. 인간학을 기본으로 경제, 경영 등 다양한 학문을 배우고 과정을 수료하면 MBA를 취득할 수 있다. SBI 대학원대학에서 '배운 것'을 업무를 통해 '실천'하면서, 덕을 갈고닦은 동지끼리 힘을 합쳐 함께 뜻을 구현하는 직장이 내 이상이다.

늘 배우고 생각하고 행동하라

이번 장에서 소개해왔듯이 나는 평소에 중국 고전 등을 통해 리더십의 방향성과 경영 판단의 기준을 계속해서 배우고자 하고 있다.

왜 계속해서 배워야 할까? 맹자의 성선설에 대비되는 성악설을 주창한 순자는 이 물음에 대해 다음과 같이 설명한다.

먼저 "배움(學)은 세상에 쓰이기(通) 위해서가 아니다(君子之學 非

爲通也)"라고 한다. '통(通)'은 출세, '학(學)'은 넓은 의미로 인간학을 가리키는데, 배움이란 단순히 출세를 위해서가 아니다.

그렇다면 무엇을 위해서일까? "어려운 상황에서도 곤혹스러워하지 않고 우환을 겪으면서도 의지가 꺾이지 않기 위해서(爲窮而不困 憂而意衰也)"다. 순자는 곤경에 처해 괴로워하지 않기 위해, 혹은 걱정으로 마음이 약해지지 않게 하려고 학문을 닦는 것이라고 말한다. 배우려는 자세가 없는 사람은 조금만 고생해도 금방 괴로워하고 이것저것 걱정하며 신경이 약해져 버리기 쉽다.

또 순자는 "화복에 마음이 미혹되지 않기 위해서(知禍福終始而心不惑也)"라고 말한다. 인생에는 행운이 있는가 하면 불행도 있고, 행운인가 싶던 것이 재앙으로 바뀔 때도 있다. 그야말로 '인생지사 새옹지마'다.

그렇다고 해서 일어나는 일에 아무런 법칙성이 없다고 할 수 있을까? 일의 원인을 끝까지 파고들다 보면 그야말로 복잡미묘한 인과 법칙인 '수(數)의 법칙'에 따르고 있음을 알 수 있다. 원인이 있으니 결과가 있는 셈이다. 이런 인생의 법칙을 충분히 알고 있다면 망설일 일은 아무것도 없다.

이처럼 순자는 학문을 해야 하는 3가지 근본적인 의의를 설명했다. 다만 배움만으로는 충분하지 않다.

《논어》에서 공자는 다음과 같이 말한다.

"배우기만 하고 생각하지 않으면 미혹되고, 생각하기만 하고 배우지 않으면 위태롭다(學而不思則罔 思而不學則殆)."

(배워도 스스로 생각하지 않으면 막연함 속에 빠져 버린다. 공상만 하고 배우지 않으면 자칫 부정한 길로 들어가고 만다.)

나는 《전습록(傳習錄)》에 있는 왕양명의 말도 중요하게 여긴다.

"앎은 행위의 시작이고, 행위는 앎의 완성이다(知是行之始 行是知之成)."

지식을 얻은 사람은 그 지식을 실행에 점차 옮겨야 한다. 지식과 실천을 일체화해 지행합일의 움직임으로 행동해야 진정한 지식이 완성된다.

세상은 늘 변화하고, 변화와 더불어 새로운 생각이 잇달아 생겨나며, 인류 사회는 계속 진화하고 있다. 시대가 변해도 본질적으로 변하지 않는 부분도 많다. 다만 나이가 얼마나 됐건 끊임없이 배우고 사색을 심화시키며 지혜를 연마하려는 자세는 꼭 필요하다.

늘 배우고 생각하고 행동하는 자세가 SBI 그룹의 경영 근저에 끊임없이 계속 흘러가길 바란다.

마치며

　이 책은 사사(社史)에 속하는 것으로 일종의 기업 연대기와 같다. 즉 시간의 순서에 따라 사실의 발생과 발전을 기술한 책이다.

　가능한 한 회사 경영에 관한 나의 철학 같은 내용도 담고자 했다. 다만 세간에서 기대하는 것처럼 창업주로서의 내 혼과 인생 이야기를 전하는 책은 아니다. 공허한 개념과 논리만 가득한 추상적인 글이라고까지는 할 수 없지만, 행여 독자 여러분에게 어수선하고 고리타분한 편찬물로 비치지 않을까 우려된다. 모쪼록 사사라는 책의 특성상 이 점은 너그러이 이해해주기 바란다.

　나 스스로 책을 쓰고 다시 읽어보며 이 책이 우리 SBI 그룹 관계자를 비롯한 모든 독자들에게 정말로 의미가 있는 것인지 몇 번이고 자문자답해왔다. 예전부터 여러 가지 책을 읽으며 가슴에 남는 글귀를 메모해 둔 노트에서 그 답을 구할 수 있었다.

그 말은 즈시 시 히로야마 공원에 있는 일본 헌정(憲政)의 신, 오자키 유키오의 비문에 적혀 있다.

"인생의 본 무대는 항상 미래에 있다."

이 말에 의해 지난 20년에 걸쳐 SBI 그룹이 해온 모든 일은 앞으로 있을 본 무대를 위한 준비 행위였다는 깨달음을 얻었다. 이 깨달음이야말로 SBI 그룹의 지난 20년을 한마디로 요약한 것이다. 동시에 이 책은 지난 20년의 우리 모습을 되돌아보면서 반성하고, 그룹의 모든 임직원에게 미래에 대해 여러 가지를 생각해보는 절호의 기회를 제공하리라는 확신으로 이어졌다.

우리 SBI 그룹을 둘러싼 사회와 경제는 지금까지보다 훨씬 더 빠르게 돌아가고 있으며, 극심하게 변화하고 있다. 이 거친 파도를 헤쳐 나가 지금까지와 같은 속도로 계속 성장할 수 있을 것인가. 매우 어려운 도전이 될 것 같지만, SBI 그룹 창업 이래 지난 20년 동안 수많은 시련을 극복해 충분한 체력과 지력을 쌓으며 준비했기 때문에 나는 낙관적이다. 조직의 성장도 우리 인간적 성장과 마찬가지로 간난신고, 이해득실, 영고성쇠와 같은 온갖 경험을 모두 맛봄으로써 이루어졌다고 본다. 따라서 기존의 성공에 안주하지 않고 '백지화를 불사하는' 정신, 즉 처음부터 시작하는 자세를 망각하지 않고 높은 목표를 향해 진지하게 노력한다면 결과는 저절로 따라오리라 믿는다. 이를 위해 창업

할 때 내건 5대 경영 이념을 계속해서 견지하고 우직하게 실천할 것이다.

나는 쉽게 달성할 수 있는 목표는 의미가 없다고 생각한다. 한편 아무리 필사적으로 노력해도 달성할 수 없는 목표 역시 현실적이지는 않다.

인간이란 아슬아슬한 상황에 부닥쳐야 비로소 다양한 지혜가 나오는 법이다. 모든 지혜와 아이디어를 최대한 쥐어짜내어 필사적인 노력을 거듭한 결과 겨우 아슬아슬하게 달성할 수 있는 목표야말로 최선이라고 생각한다. 그렇게 해서 목표를 설정하고 계속 도전하는 사이에 점점 누구도 본 적 없는 높이에 도달할 수 있는 것이 아닐까? 그런 목표로 향할 때 인간이든 기업이든 가장 높게 성장하는 것이다.

즉 인생에서 갈림길에 접어들었다면 험한 길을 선택해야 한다. 사업을 할 때 쉬운 돈벌이로 치달아서는 안 된다. 올바른 윤리적 가치관을 견지하고 사회적 책임을 다하면서 어떻게 해야 사업 영역을 더욱더 확대할 수 있을지를 모색해야 한다. 쉬운 길로 흘러가지 말고 자기 자신을 높이는 시련을 추구해야 비로소 성장의 원동력이 되리라 확신한다.

마지막으로 펜을 내려놓기 전에 꼭 적어두고 싶은 것이 있다. 2014년 4월 16일 세상을 떠난 당시 SBI 홀딩스 주식회사의 이즈치 타로 대표이사 부사장에 관해서다. 나는 이즈치 부사장과 25년간 공적으로 사적으로 어울려왔다. 단순한 상사와 부하, 친구 차원을 초월하는 관계였다. 표현하기에 적당한 말은 아니지만, 굳이 말하자면 지념의 공유를 기반으로 한 동지적 결합이었다. 이것조차도 우리 관계의 일부를 표현하는 것에 불과하다. 나는 이즈치 부사장이 세상을 떠난 뒤 줄곧 SBI 그룹 각사의 임원 몇 명과 함께 매년 12월, 그가 태어난 고향인 미에 현 쓰 시에 있는 시텐노지에 연간 사업 보고를 겸해 참배해왔다. SBI 그룹 창업 20년의 발자취를 생각할 때 이즈치라는 이름은 절대 잊을 수 없다. 1998년 SBI 그룹에 합류한 이즈치 부사장은 일본 온라인 증권사의 선구자로서 활약했다. SBI 증권을 창업한 이래 13년 동안에 걸쳐 회사 발전에 심혈을 기울였고, SBI 증권을 온라인 증권사 중 독보적 1위로 키워냈다. 2011년부터는 SBI 홀딩스 주식회사에서 주로 금융 서비스 사업 전반을 관장했다. SBI 머니플라자 구상을 추진하는 등 SBI 그룹이 지향하는 진정한 고객 중심주의의 실현에 일관되게 매진하며 그룹의 발전에 혁혁한 공을 세웠다.

그야말로 이즈치 부사장이 없었다면 우리 그룹이 이룩한 오늘날의 발전은 없었을 것이다. SBI 그룹 창업 20주년을 이즈치 부사장과 함께 축하하지 못하는 것이 너무나도 아쉬울 따름이

다. 최소한 이 책에서라도 다시금 그의 영령에 진심으로 경의를
표하면서, 심심한 감사의 뜻을 바치고 싶다.

기타오 요시타카

SBI 그룹의
발자취

SBI 그룹의 발자취

		SBI			사회
1999년	4월	소프트뱅크㈜의 중간지주회사로서 금융 관련 분야 사업 활동을 총괄하는 소프트뱅크 파이낸스㈜를 설립	1월	EU가 유로(당초 결제용 가상화폐)를 도입	
	7월	벤처기업 인큐베이션 사업 담당을 목적으로 소프트뱅크 인베스트먼트㈜(현 SBI 홀딩스㈜)를 도쿄 도 치요다 구에 설립	3월	일본은행이 제로 금리 정책을 실시	
	10월	이트레이드 증권㈜(현 ㈜SBI 증권)이 인터넷 거래를 개시			
	11월	소프트 벤처캐피털㈜, 소프트뱅크 벤처즈㈜, 소프트뱅크 콘텐츠 파트너즈㈜ 및 소프트 트렌드 캐피털㈜을 완전 자회사화			
2000년	1월	100% 자회사인 소프트 벤처캐피털㈜을 흡수 합병			
	6월	모닝스타㈜를 오사카증권거래소·나스닥저팬 시장에 상장			
	9월	이트레이드㈜를 오사카증권거래소·나스닥저팬 시장에 상장	9월	시드니 올림픽 개최	
	12월	소프트뱅크 인베스트먼트㈜(현 SBI 홀딩스㈜)를 오사카증권거래소·나스닥저팬 시장에 상장			
2001년	4월	LBO 펀드 운용·관리를 목적으로 에스비아이 캐피털㈜(현 SBI 캐피털㈜)을 설립	3월	일본은행이 양적 금융 완화 정책을 개시	
	4월	투자 고문업 사업 전개를 도모하고자 소프트뱅크 에셋매니지먼트㈜(현 SBI 에셋매니지먼트㈜)의 주식을 취득			
	6월	자산 운용 업무 강화를 도모하고자 아오조라 에셋매니지먼트㈜(현 SBI 에셋매니지먼트㈜)의 주식을 취득			
	7월	본사 소재지를 도쿄 도 미나토 구로 변경			
	8월	소프트뱅크 프론티어 증권㈜을 오사카증권거래소·나스닥저팬 시장에 상장			

		SBI		사회
2002년	2월	소프트뱅크 인베스트먼트㈜(현 SBI 홀딩스㈜)를 도쿄증권거래소 제1부 시장에 상장	9월	북일정상회담
	11월	소프트뱅크 인베스트먼트㈜(현 SBI 홀딩스㈜)를 오사카증권거래소 제1부 시장에 상장		
2003년	6월	소프트뱅크 인베스트먼트㈜(현 SBI 홀딩스㈜)가 이트레이드㈜와 합병하고 이트레이드 증권㈜, 소프트뱅크 프론티어 증권㈜을 자회사화	4월	국제 인간게놈 프로젝트를 통해 모든 인간게놈 분석 작업 완료
	9월	파이낸스올㈜을 오사카증권거래소·헤라클레스 시장에 상장		
	10월	소프트뱅크 인베스트먼트㈜(현 SBI 홀딩스㈜)가 월드니치에이 증권㈜을 인수, 자회사화		
	12월	소프트뱅크 인베스트먼트㈜(현 SBI 홀딩스㈜)가 닛쇼이와이 증권㈜(피데스 증권㈜으로 상호를 변경한 뒤 이트레이드 증권㈜과 합병)을 인수, 자회사화		
2004년	2월	월드니치에이 증권㈜과 소프트뱅크 프론티어 증권㈜을 합병해 월드니치에이 프론티어 증권㈜으로 상호를 변경한 뒤 오사카증권거래소·나스닥저팬 시장에 상장		
	2월	파이낸스올㈜의 주식을 취득해 자회사화		
	7월	모닝스타㈜를 자회사화	8월	아테네 올림픽 개최
	10월	베리트랜스㈜를 오사카증권거래소·헤라클레스 시장에 상장	10월	니가타 현 추에쓰 지진 발생
	11월	이트레이드 증권㈜(현 ㈜SBI 증권)을 자스닥 시장에 상장		
	12월	아동 복지 향상을 목적으로 SBI 아동 복지 유한책임 중간법인을 설립	12월	수마트라섬 연안에서 지진 발생

179

		SBI	사회
2005년	3월	SBI 벤처즈㈜(현 SBI 인베스트먼트㈜)를 운용자로 하여 콘텐츠 및 미디어 사업에 투자하는 SBI BB·미디어투자사업 유한책임조합을 ㈜후지텔레비전 및 ㈜닛폰방송과 함께 설립	
	5월	소프트뱅크 인베스트먼트㈜(현 SBI 홀딩스㈜)가 싱가포르의 투자회사와 유망한 중국 기업을 투자 대상으로 하는 뉴호라이즌 펀드를 공동 설립	
	6월	신용카드 사업을 전개하는 SBI 카드㈜를 설립	
	7월	소프트뱅크 인베스트먼트㈜를 SBI 홀딩스㈜로 상호 변경. 회사 분할 제도로 인해 자산 매니지먼트 사업을 소프트뱅크 인베스트먼트㈜로 이관하고 지주회사 체제로 이행	
	8월	SBI 파트너즈㈜의 주식을 추가 취득해 자회사화	
	9월	베이징 주재원 사무소를 개설	
	10월	아동 복지 향상·자립 지원을 목적으로 재단법인인 'SBI 어린이 희망재단'을 설립	
	11월	SBI 그룹 각사의 총무 및 인사, 콜센터 업무 등의 비즈니스 아웃소싱 업체 SBI 비즈니스서포트㈜를 설립	
2006년	2월	㈜JCN랜드와 SBI 어카운팅㈜이 합병하고 SBI 비즈니스솔루션즈㈜로 사명 변경	
	2월	보증 업무를 전개하는 SBI 개런티㈜를 설립	
	3월	파이낸스올㈜, SBI 파트너즈㈜ 합병 및 SBI 증권㈜의 완전 자회사화	
	5월	SBI 퓨처즈㈜를 오사카증권거래소·헤라클레스 시장에 상장	

		SBI	사회
2006년	8월	주요 주주인 소프트뱅크㈜가 자회사인 당사의 전 주식을 매각함에 따라 소프트뱅크㈜의 지분법 적용 관련 회사에서 제외됨	
	8월	고메스컨설팅㈜을 오사카증권거래소·헤라클레스 시장에 상장	
2007년	2월	부동산 담보 융자 사업을 전개하는 ㈜셈코퍼레이션(현 SBI 에스테이트파이낸스㈜)의 주식을 취득	
	2월	아시아 지역에 대한 투자 거점으로서 싱가포르에 SBI Ven Capital Pte.ltd. 설립	
	2월	E*TRADE Korea Co., Ltd를 한국 코스닥 시장에 상장	
	3월	한국 교보생명보험㈜의 주식 4.99% 취득	
	4월	사람들의 건강을 '예방', '치료', '항노화' 관점에서 종합적으로 지원하는 서비스를 목표로 SBI 웰니스 뱅크㈜를 설립	
	5월	미국 골드만삭스 증권㈜의 그룹사와 자본·업무 제휴에 관한 계약을 체결하고 연결 자회사인 SBI 캐피털㈜의 주식 40%를 양도	
	5월	금융 상품을 종합적으로 판매하는 오프라인 점포인 'SBI 머니플라자' 1호점이 도쿄 아오야마에 오픈	
	8월	SBI 저팬넥스트 증권㈜이 사설 거래 시스템(PTS) 운영을 시작하며 야간 거래를 개시	8월 파리바쇼크 발생
	9월	스미신SBI넷은행㈜ 영업 개시	
	11월	SBI 대학원대학이 문부과학성으로부터 설치 인가를 취득	
	12월	SBI 손보㈜가 금융청으로부터 손해보험업 면허를 취득. 2008년 1월 16일부터 영업 개시	

		SBI		사회
2008년	4월	SBI 악사생명보험㈜이 일본 최초의 인터넷 전문 생보기업으로 금융청으로부터 생명보험업 면허를 취득. 4월 7일부터 영업 개시		
	4월	SBI 대학원대학 개교		
	4월	아미노산의 일종인 '5-아미노레불린산(ALA)'을 유효 성분으로 하는 의약품, 화장품 및 건강식품의 개발과 판매를 담당하는 SBI 파마㈜를 설립		
	7월	SBI 이트레이드 증권㈜이 ㈜SBI 증권으로 상호 변경		
	7월	㈜JAA(Japan Automobile Auction Inc.)와의 합작회사로 중고차 판매업자를 통해 중고차 구입자에게 금융 서비스 제공을 지원하는 SBI 오토서포트㈜를 설립		
	7월	FX 거래의 리퀴디티(유동성)를 담보하고 편의성을 높인 마켓 인프라를 금융 상품 거래업자 등에 제공하는 SBI 리퀴디티마켓㈜을 설립		
	8월	주식 교환을 통해 ㈜SBI 증권을 완전 자회사화	8월	베이징 올림픽 개최
	9월	한국의 현대스위스그룹과 공동으로 캄보디아에 설립한 프놈펜 상업은행(Phnom Penh Commercial Bank Limited)이 캄보디아 은행감독국으로부터 업무 개시 인가를 취득해 9월 1일부터 영업을 개시	9월	리먼쇼크 발생
	10월	SBI 저팬넥스트 증권㈜이 운영하는 사설 거래 시스템인 '저펜넥스트 PTS'가 주간 거래를 개시		
	12월	홍콩 현지 법인 SBI Hong Kong Co., Limited 개업		
2009년	7월	SBI 그룹 창업 10주년을 맞이함	1월	미국 오바마 대통령 취임
	8월	베트남의 상업은행인 Tien Phong Bank(틴퐁은행)가 실시한 신주 발행 증자에 참여해 주식 19.9%를 취득	9월	일본 총선에서 자민당 참패, 민주당 정권 출범

		SBI	사회
2010년	2월	SBI 악사생명보험㈜ 주식 전부를 악사저팬홀딩㈜에 양도	
	2월	일본 최대의 중국 정보 사이트 등을 운영하는 ㈜서치나의 주식 75.7% 취득(자회사화)	
	3월	SBI 어린이 희망재단이 일본 총리로부터 공익재단법인으로 인정받아 공익재단법인으로 이행	
	4월	㈜SBI 증권의 SBI 퓨처즈㈜ 흡수 합병	
	4월	중국 상하이 시에 주재원 사무소를 신규 개설	
	7월	중국 손해보험사인 텐안(天安)보험의 기발행주식 7.65%를 기존 주주로부터 취득	
	7월	미국 Jefferies Group Inc.(제프리즈 그룹)과 미국 및 아시아 기업을 대상으로 한 투자 펀드를 공동 설립	
	10월	베트남 하노이 시에 주재원 사무소를 신규 개설	
	10월	SBI 프놈펜 증권(현 SBI 로열 증권)이 캄보디아 증권거래위원회로부터 일본계 금융 기관으로서는 유일하게 캄보디아 증권 사업 풀 라이선스 인가를 취득	
	11월	㈜SBI 증권이 베트남의 대형 증권사 중 하나인 FPT 증권의 제3자 할당 증자에 참여해 기발행주식의 20%를 취득	
	12월	SBI 레밋㈜이 일본의 자금이동업자(사설 송금업체-옮긴이)로 등록되어 일본 최초로 인터넷을 주요 채널로 하는 국제 송금 서비스를 개시	

		SBI		사회
2011년	2월	한국 LG그룹에서 종합적인 시스템 관련 서비스를 제공하는 LG CNS와 합작 계약을 체결하고 시스템 분야 합작회사인 SBI-LG 시스템즈㈜를 설립		
	3월	일본 내에서 소셜렌딩(개인 간 융자) 사업을 담당하는 SBI 소셜렌딩㈜이 영업을 개시	3월	동일본대지진 발생
	4월	SBI 홀딩스㈜의 보통 주식을 원주(原株)로 하는 홍콩 예탁증권(HDR)이 일본에 본사를 둔 기업으로는 최초로 홍콩증권거래소 메인보드 시장에 상장(2014년 6월에 상장 폐지)		
	5월	말레이시아 쿠알라룸푸르에 주재원 사무소를 개설		
	6월	중국증권보(中國證券報)와 합작회사인 '상하이 신증 재경정보·컨설팅 유한회사(上海新證財經信息諮詢有限公司)' 설립		
	7월	모닝스타㈜의 고메스컨설팅㈜ 흡수 합병		
2012년	3월	니혼신사이파트너즈㈜(현 SBI 리스타 소액단기보험㈜)의 주식 43.1%를 취득		
	3월	중국 다롄 시에 중국 사업 총괄 회사인 'SBI 투자 유한회사(思佰益投資有限公司, 영어 명칭 SBI (China) Co., Ltd.)' 개업		
	4월	ALA 관련 제품(건강보조식품·화장품)의 판매 회사로서 SBI 알라프로모㈜가 개업		
	4월	SBI 파마㈜가 바레인 정부와 ALA 사업 추진에 관한 양해각서를 체결		
	4월	SBI 모기지㈜를 한국 코스피 시장에 상장		
	5월	FX 거래 전문 회사인 SBI FX트레이드㈜가 영업 개시		
	6월	SBI 머니플라자㈜를 중심으로 하는 대면 판매 부문의 조직 개편 실시. ㈜SBI 증권의 대면 부문을 SBI 머니플라자로 이관		

		SBI		사회
2012년	6월	자산 매니지먼트 사업 관련 자회사를 산하에 둔 중간지주회사 SBI 캐피털매니지먼트㈜, 금융 서비스 사업을 운영하는 그룹 각사를 산하에 둔 중간지주회사 SBI 파이낸셜서비시즈㈜를 각각 설립		
	10월	모닝스타㈜가 SBI 에셋매니지먼트㈜, SBI 서치나㈜를 연결 자회사화		
	12월	SBI 액시즈㈜(현 SBI 핀테크솔루션즈㈜)가 한국 코스닥 시장에 상장	12월	제2차 아베 정권 출범
	12월	SBI 바이오텍㈜이 쿼크를 완전 자회사화		
2013년	3월	SBI 파마㈜가 바레인 국왕의 국부 펀드인 Mumtalakat Holding Company(뭄탈라카트 홀딩 컴퍼니)와 바레인의 의약품 분야를 중심으로 하는 ALA 사업 제휴에 관해 기본 합의		
	3월	주식 취득을 통해 ㈜현대스위스저축은행(현 ㈜SBI저축은행)을 연결 자회사화	3월	구로다 하루히코 일본은행 총재 취임
	3월	이키이키세다이㈜(현 SBI 이키이키 소액단기보험㈜)의 전 주식을 취득		
	8월	바레인의 킹하마드 대학병원과 5-아미노레불린산의 임상 연구에 관한 기본 합의서를 체결		
	9월	SBI 파마㈜의 1호 의약품으로 악성 신경교종 경구 체내 진단약인 '알라글리오® 내용제 1.5g'을 출시		
2014년	4월	SBI 파마㈜의 1호 의료기기로 의료용 광원인 '2색 LED 광원 Aladuck LS-DLED' 판매를 개시		
	6월	일본계 기업으로는 최초로 러시아에서 개인용 온라인 뱅킹 사업을 개시		
	12월	econtext ASIA(이콘텍스트 아시아) 및 BEENOS(비노스)와 베트남의 마켓플레이스 사업에 진출. 베트남 최대 IT 기업인 FPT 그룹과 공동 출자로 Sendo(센도)를 합작 사업화		

		SBI	사회
2015년	2월	주식 취득을 통해 PCA생명보험㈜(현 SBI 생명㈜)을 연결 자회사화하고 2016년 2월부터 신규 보험 접수를 개시	
	3월	SBI 머니플라자㈜가 2015년 2월 19일부로 일본 간토 지역 담당 재무국장으로부터 스미신SBI넷은행㈜을 소속 은행으로 하는 은행 대리업 허가를 취득	
	4월	㈜SBI 증권이 북필드캐피털㈜의 전 주식을 취득해 자회사화	
	7월	SBI 그룹 내 시스템 관련 업무의 내재화를 목적으로 하는 시스템 개발 회사 ㈜SBI BITS를 설립	
	10월	태국 최초의 인터넷 전문 증권사인 SBI Thai Online Securities Co., Ltd.(타이온라인 증권) 개업	
	11월	친환경 에너지를 통한 발전 사업 등을 담당하는 SBI 에너지㈜를 설립	
	11월	도쿄 도 미나토 구 미나미아오야마에 있는 불교사찰 바이소인(梅窓院)에 SBI 그룹의 사망 직원을 합사하는 회사묘를 건립	
	11월	SBI Securities (Hong Kong) Limited(SBI 증권 홍콩)가 홍콩 증권선물거래위원회로부터 증권 매매 업무에 필요한 면허를 취득	
	11월	자산 운용 서비스 사업의 중간지주회사로서 SBI 글로벌 에셋매니지먼트㈜ 설립	
	11월	SBI 알라프로모㈜가 '기능성 표시 식품 제도'에 근거해 신고한 제품 'ALA PLUS Toh Down'이 일본 소비자청에 수리되어 12월부터 판매 개시	
	12월	SBI 인베스트먼트㈜가 핀테크 사업 영역의 유망한 벤처기업에 대한 투자를 목적으로 하는 'Fintech 펀드'를 설립	

		SBI	사회
2016년	2월	지분법 적용 회사인 프놈펜 상업은행의 주식 전 지분을 한국의 전북은행을 중심으로 하는 컨소시엄에 양도하는 계약을 체결	
	2월	SBI 홀딩스㈜에 블록체인 추진실을 설치	
	3월	미국 핀테크 기업 R3 CEV가 주도하는 블록체인 컨소시엄에 인터넷 금융 그룹으로서 처음으로 참여	
	4월	블록체인 정책에 대해 제언하는 '일반사단법인 일본 블록체인 협회' 설립에 참여	
	5월	SBI 홀딩스㈜가 블록체인 기술을 활용한 차세대 결제 기반인 '리플 커넥트'를 개발하는 리플 랩스와 합작회사 SBI 리플 아시아㈜를 설립	
	9월	일본 소액단기보험㈜(현 SBI 일본 소액단기보험㈜)의 전 주식을 취득해 자회사화	
	10월	SBI 리플 아시아㈜가 사무국을 맡은 '내외환거래 일원화 검토에 관한 컨소시엄'이 지역 금융 기관과 인터넷 전문은행 등을 포함한 42개사와 함께 출범	
	10월	세계 최대급 채권 투자자인 미국 핌코와 공동 설립한 SBI 본드 인베스트먼트 매니지먼트㈜가 일본 최초로 외화표시 국내 투자신탁(적격기관투자자 대상 사모펀드)의 설정·운용을 개시	
	11월	가상화폐 교환 및 거래 서비스를 제공하는 SBI 버추얼커런시즈㈜(현 SBI VC Trade㈜)를 설립	
	11월	SBI 홀딩스㈜와 브루나이 재무부의 합작회사로 펀드를 운용·관리하는 SBI(B) SDN BHD가 이슬람 적격 기업을 투자 대상으로 하는 펀드인 'SBI Islamic Fund II'를 설립	

		SBI		사회
2017년	2월	SBI 홀딩스㈜와 일본 IBM㈜이 지역 금융기관용 핀테크 서비스 도입 지원 사업을 전개하는 합작회사인 SBI 핀테크 인큐베이션㈜을 설립	1월	미국 트럼프 대통령 취임
	2월	BYFX HK Co., Limited가 홍콩에서 BYFX(佰盈匯)라는 브랜드명으로 현지 점두 외환 증거금거래(FX) 서비스를 개시		
	3월	그룹 개편을 통해 SBI 액시즈㈜가 SBI 레밋㈜, SBI 비즈니스솔루션즈㈜ 등 핀테크 관련 사업 각사를 자회사화. 2017년 7월 1일 상호를 SBI 핀테크솔루션즈㈜로 변경		
	3월	보험 사업을 총괄하는 보험지주회사의 준비회사인 SBI 보험지주준비㈜가 관계 당국으로부터의 인가 등을 받아 2017년 3월 31일부로 SBI 인슈어런스그룹㈜으로 상호를 변경해 영업을 개시		
	3월	SBI 파마㈜가 '알라글리오® 과립제분포 1.5g' 관련, 추가이제약㈜에 일본 내 독점 판매권을 허락하는 라이선스 계약을 체결		
	4월	SBI 홀딩스㈜와 게이오기주쿠대 SFC 연구소가 노화에 따른 질환에 대해 5-아미노레불린산(ALA)에 의한 개선 작용에 관한 공동 연구를 개시		
	4월	운용리스 중개 사업을 담당하는 SBI 리싱서비스㈜를 설립		
	8월	SBI 핀테크솔루션즈㈜가 한국 Coin-plug(코인플러그)와 공동으로 한국과 세계 각국 간 국제 송금을 사업 대상으로 하는 합작회사인 'SBI Cosmoney Co., Ltd.(SBI 코스머니)'를 설립		
	8월	러시아의 상업은행인 SBI Bank LLC(구 YAR Bank LLC)를 완전 자회사화		

		SBI	사회
2017년	9월	SBI 홀딩스㈜가 독자적인 결제용 코인인 'S코인'을 이용해 캐시리스화 및 결제 비용 대폭 절감을 실현하는 새로운 결제용 플랫폼 'S코인 플랫폼' 구상 프로젝트를 개시	
	10월	일본항공㈜과 SBI 홀딩스㈜가 공동 지주 회사인 'JAL SBI 핀테크㈜'를 설립. 공동 사업 제1탄으로 일본항공㈜, JAL SBI 핀테크㈜, 스미신SBI넷은행㈜이 공동 사업 회사인 'JAL 페이먼트 포트㈜'를 설립	
	10월	SBI 저팬넥스트 증권㈜이 일본 국채 사설 거래 시스템인 'B-Market' 운영 개시	
	10월	핀테크를 활용해 벤처·중소기업을 대상으로 자금 조달 지원 플랫폼 등을 제공하는 SBI CapitalBase㈜(현 SBI Equity Crowd㈜)를 설립	
	12월	SBI 홀딩스㈜와 SBI 리플 아시아㈜가 '블록체인 기술 등을 활용한 페이먼트 카드 업계 컨소시엄'을 설립	
2018년	1월	AI 및 블록체인 분야를 주요 투자 대상으로 하는 벤처캐피털 펀드인 SBI AI&Blockchain 투자사업 유한책임조합(SBI AI&Blockchain 펀드)을 설립	
	2월	인도네시아 자카르타에 주재원 사무소를 개설	
	3월	SBI 프라임 증권㈜이 2018년 3월 6일부로 제1종 금융상품거래업자 등록을 완료하고 4월 2일부터 ㈜SBI 증권과 공동으로 일본 내 주식 현물 거래 신규 서비스인 'SBBO-X' 제공을 개시	
	4월	SBI 리플 아시아㈜가 사무국을 맡은 '증권 컨소시엄'이 증권사를 중심으로 하는 35사와 공동 설립	
	6월	SBI 버추얼커런시즈㈜(현 SBI VC Trade ㈜)가 가상화폐 현물 거래 서비스인 'VCTRADE' 제공 개시	

		SBI	사회
2018년	9월	SBI 지방창생 에셋매니지먼트㈜가 투자운용업 및 제2종 금융상품거래업 등록을 완료	
	9월	SBI 인슈어런스그룹㈜을 도쿄증권거래소·마더스 시장에 상장	
	10월	SBI 리플 아시아㈜가 사업국을 맡은 '내외환거래 일원화 컨소시엄'에서, 참여 은행과 공동 개발한 스마트폰용 송금 앱인 'Money Tap(머니탭)' 제공을 개시	
2019년	1월	SBI 홀딩스㈜ 대표이사 사장 기타오 요시타카가 일본 경제계 대상 수상	
	1월	일본 내 코다 라이선스 제공 및 도입 등을 지원하는 SBI R3 Japan을 설립	
	2월	모닝스타㈜가 미국의 자산 운용 회사 Carret Asset Management(캐럿 에셋매니지먼트)의 지주회사인 Carret Holdings, Inc.(캐럿 홀딩스) 주식 67%를 취득해 자회사화	
	3월	독일 베를린에 주재원 사무소를 개설	
	3월	'내외환거래 일원화 컨소시엄'을 발전적으로 해체하고, 스마트폰용 송금 앱인 'Money Tap' 등의 혁신적인 금융 서비스를 제공하는 머니탭㈜을 설립	
	4월	㈜SBI 증권과 CCC마케팅㈜이 공동 설립한 ㈜SBI 네오모바일 증권이 개업	
	5월	SBI 그룹의 수호본존인 아베몬주인(安倍文殊院, 나라 현)에 창업 20주년 기념사업의 일환으로 '길상각(吉祥閣)' 건립	
	7월	SBI 그룹 창업 20주년	

도전과 진화의 경영

초판 1쇄   2020년 6월 30일
초판 3쇄   2020년 9월 10일

지은이   기타오 요시타카
펴낸이   서정희   **펴낸곳**   매경출판㈜
감수자   김대영
옮긴이   류두진
책임편집   고원상
마케팅   강동균 신영병 이진희 김예인
디자인   김보현 김신아

매경출판㈜
등록 2003년 4월 24일(No. 2-3759)
주소 (04557) 서울시 중구 충무로 2(필동1가) 매일경제 별관 2층 매경출판㈜
홈페이지 www.mkbook.co.kr
전화 02)2000-2632(기획편집) 02)2000-2636(마케팅) 02)2000-2606(구입 문의)
팩스 02)2000-2609   **이메일** publish@mk.co.kr
인쇄·제본 ㈜M-print 031)8071-0961
ISBN 979-11-6484-134-9(03320)

이 도서의 국립중앙도서관 출판예정도서목록(CIP)은 서지정보유통지원시스템 홈페이지(http://seoji.nl.go.kr)와
국가자료공동목록시스템(http://www.nl.go.kr/kolisnet)에서 이용하실 수 있습니다.
(CIP제어번호: CIP2020023644)